ÉDITORIAL

JANVIER 2025

W0321300

Sous le signe de l'espérance

À Rome, les portes saintes des grandes basiliques viennent de s'ouvrir pour marquer le début de cette année jubilaire, placée sous le signe de l'espérance par le pape François. Nous sommes tous invités à vivre ce temps de grâce en nous laissant vivifier par l'espérance, alors même que nous pouvons être tentés de baisser les bras devant le mal et les violences qui marquent notre temps. L'espérance n'est pas une fuite en avant devant la dureté d'un monde qui ne va pas bien. Au contraire, elle est une ressource qui nous permet de faire face à un devenir incertain, d'affronter les difficultés de la vie avec l'assurance que le Seigneur est à nos côtés et qu'il accomplit ce qu'il a promis. L'espérance nous fait croire et proclamer que l'humanité « ne se dirige pas vers une impasse ou un abîme obscur, mais qu'elle s'oriente vers la rencontre avec le Seigneur de gloire », écrit François dans sa bulle qui annonce l'année jubilaire. Espérer, c'est marcher sans perdre de vue le but auquel nous sommes appelés : entrer dans le royaume de Dieu. Bonne année jubilaire.

« L'espérance est une ressource qui nous permet de faire face à un devenir incertain. »

« Prions en Église », toujours plus proche de vous

Un titre pour trois supports qui accompagnent toujours plus votre prière personnelle et vous aident à préparer et à vivre la messe.

Chers abonnés, chers lecteurs,
Belle et sainte année à vous tous !
Pour la célébrer ensemble, nous avons fait évoluer pour vous l'accompagnement éditorial de *Prions en Église,* dans votre revue, sur le site internet et l'application. Ensemble, journalistes et spécialistes passionnés, nous œuvrons chaque jour pour faciliter votre prière et soutenir votre engagement en Église.
Avec la revue, le nouveau site internet et la première application de prière en France, *Prions en Église* multiplie par trois les occasions de nourrir votre relation à Dieu !
Pourquoi un site internet et une application, en complément de la revue ?
Pour accompagner la prière personnelle : à travers l'écoute des textes du jour et leurs commentaires; à travers toute la liturgie des Heures telle que priée en Église; à travers des contenus mis à jour en temps réel pour réfléchir et prier avec ce que vivent le monde et notre société. Cela passe aussi par la personnalisation de votre expérience spirituelle, la sauvegarde de vos coups de cœur et la réception de notifications adaptées à vos besoins spirituels. Des parcours thématiques vous aident à approfondir

votre foi au quotidien et lors des grandes fêtes liturgiques. Différents formats accompagnent votre prière : musiques, images, podcasts, vidéos. Vous trouverez aussi des pistes pour parler de l'Évangile aux enfants avec des activités, des coloriages, des jeux. Pour préparer et vivre la messe : avec des ressources pour choisir les chants, construire sa feuille de messe ou encore un livret mensuel de partitions; avec des tutos pour fleurir en liturgie ou pour animer les chants; avec nos conférences en ligne autour de la préparation des messes lors des grands temps liturgiques; avec deux newsletters réservées aux abonnés : pour préparer la messe du dimanche suivant et pour la préparation du prochain temps liturgique.

Alors, sans tarder, venez découvrir le site sur *www.prionseneglise.fr* et téléchargez l'application « Prions » pour bénéficier de nos nombreuses nouveautés et surprises que nous réservons à nos abonnés tout au long de l'année.

Karem Bustica
Rédactrice en chef
de Prions en Église

Prier avec le Saint-Père

Intention universelle du mois de janvier 2025

Prions pour que le droit
à l'éducation des migrants, des réfugiés
et des personnes touchées
par la guerre soit toujours respecté
et garantisse ainsi la construction
d'un monde meilleur.

Pour vous aider à prier :
www.prieraucoeurdumonde.net

Prions avec les textes de la messe

DU 1ER AU 31 JANVIER 2025

Dimanche 5 janvier, *Épiphanie du Seigneur* . . . . ***p. 33***
Dimanche 12 janvier, *Baptême du Seigneur* . . . . ***p. 79***
Dimanche 19 janvier, *2e dimanche du temps ordinaire* . . . . . ***p. 126***
Dimanche 26 janvier, *3e dimanche du temps ordinaire* . . . . . ***p. 179***

Partagez vos intentions de prière

. . . .

. . . .

. . . .

. . . .

. . . .

. . . .

. . . .

. . . .

. . . .

Envoyez vos intentions de prière à :
Prions en Église, Intentions de prière, 18 rue Barbès, 92128 Montrouge Cedex.
Elles seront portées par les pèlerins qui partiront vivre le jubilé 2025 à Rome, du 3 au 6 mars 2025.

MERCREDI 1ER JANVIER 2025

OCTAVE DE LA NATIVITÉ COULEUR LITURGIQUE : BLANC

Sainte Marie, Mère de Dieu

Antienne d'ouverture

Nous te saluons, Mère très sainte :
tu as mis au monde le Roi
qui gouverne le ciel et la terre
pour les siècles sans fin.

OU

Aujourd'hui, la lumière va resplendir sur nous,
car le Seigneur nous est né. On l'appelle :
Dieu admirable, Père-à-jamais, Prince-de-la-Paix.
Et son règne n'aura pas de fin.
(cf. Is 9, 1.5 ; Lc 1, 33)

Gloire à Dieu *(p. 224)*

Prière

Seigneur Dieu, par la virginité féconde de la bienheureuse Marie, tu as offert au genre humain les bienfaits du salut éternel ; accorde-nous d'éprouver qu'intercède en notre faveur celle qui nous permit d'accueillir l'auteur de la vie, Jésus Christ, ton Fils, notre Seigneur. Lui qui… ***— Amen.***

Lectures propres à la solennité de sainte Marie, Mère de Dieu.

Lecture

du livre des Nombres (6, 22-27)

« Ils invoqueront mon nom sur les fils d'Israël, et moi, je les bénirai »

Le Seigneur parla à Moïse. Il dit : « Parle à Aaron et à ses fils. Tu leur diras : Voici en quels termes vous bénirez les fils d'Israël : “Que le Seigneur te bénisse et te garde ! Que le Seigneur fasse briller sur toi son visage, qu'il te prenne en grâce ! Que le Seigneur tourne vers toi son visage, qu'il t'apporte la paix !” Ils invoqueront ainsi mon nom sur les fils d'Israël, et moi, je les bénirai. »

– Parole du Seigneur.

Psaume 66 (67)

℟ ***Que Dieu nous prenne en grâce et qu'il nous bénisse !***

Que son visage s'illumine pour nous ;
et ton chemin sera connu sur la terre,
ton salut, parmi toutes les nations. ℟

Que les nations chantent leur joie,
car tu gouvernes le monde avec justice ;
sur la terre, tu conduis les nations. ℟

La terre a donné son fruit ;
Dieu, notre Dieu, nous bénit.
Que la terre tout entière l'adore ! ℟

Lecture

de la lettre de saint Paul apôtre aux Galates (4, 4-7)

« Dieu a envoyé son Fils, né d'une femme »

Frères, lorsqu'est venue la plénitude des temps, Dieu a envoyé* son Fils, né d'une femme et soumis à la loi de Moïse, afin de racheter ceux qui étaient soumis à la Loi et pour que nous soyons adoptés comme fils. Et voici la preuve que vous êtes des fils : Dieu a envoyé l'Esprit de son Fils dans nos cœurs, et cet Esprit crie « *Abba !* », c'est-à-dire : Père ! Ainsi tu n'es plus esclave, mais fils, et puisque tu es fils, tu es aussi héritier : c'est l'œuvre de Dieu.

– Parole du Seigneur.

Acclamation de l'Évangile

Alléluia. Alléluia. À bien des reprises, Dieu, dans le passé, a parlé à nos pères par les prophètes ; à la fin, en ces jours où nous sommes, il nous a parlé par son Fils. ***Alléluia.***

Évangile de Jésus Christ

selon saint Luc (2, 16-21)

« Ils découvrirent Marie et Joseph, avec le nouveau-né.
Quand fut arrivé le huitième jour, l'enfant reçut le nom de Jésus »

En ce temps-là, les bergers se hâtèrent d'aller à Bethléem, et ils découvrirent Marie et Joseph, avec le nouveau-né couché dans la mangeoire. Après avoir vu, ils racontèrent ce qui leur avait été annoncé au sujet de cet enfant. Et tous ceux qui entendirent s'étonnaient de ce que leur racontaient

les bergers. Marie, cependant, retenait tous ces événements et les méditait dans son cœur. Les bergers repartirent; ils glorifiaient et louaient Dieu pour tout ce qu'ils avaient entendu et vu, selon ce qui leur avait été annoncé. Quand fut arrivé le huitième jour, celui de la circoncision, l'enfant reçut le nom de Jésus, le nom que l'ange lui avait donné avant sa conception.

Profession de foi (p. 225)

Prière sur les offrandes

Seigneur Dieu, dans ta bonté, tu es à l'origine de tout bien, et tu le mènes à sa perfection ; puisque la solennité de la sainte Mère de Dieu nous fait célébrer dans l'allégresse les premiers temps de ta grâce, donne-nous la joie d'en recueillir tous les fruits. Par le Christ, notre Seigneur. ***— Amen.***

1re préface de la Vierge Marie, p. 232.

Antienne de la communion

Jésus Christ,
hier et aujourd'hui,
est le même,
il l'est pour l'éternité.
(He 13, 8)

Prière après la communion

Nous avons reçu dans la joie le sacrement du ciel, et nous te prions, Seigneur : qu'il fasse grandir en nous la vie éternelle en ce jour où nous proclamons avec fierté la bienheureuse Marie toujours vierge Mère de ton Fils et Mère de l'Église. Par le Christ, notre Seigneur. ***— Amen.***

Bénédiction solennelle pour le commencement de l'année

Dieu est la source et l'origine de toute bénédiction : qu'il vous accorde sa grâce, qu'il répande sur vous sa bénédiction en abondance et vous maintienne en bonne santé tout au long de l'année.

— *Amen.*

Qu'il garde intacte votre foi, qu'il affermisse votre espérance, qu'il vous donne de persévérer jusqu'au bout dans une patiente charité.

— *Amen.*

Qu'il dispose en sa paix vos jours et vos actes, qu'il exauce vos prières ici et en tout lieu, et vous fasse heureusement parvenir à la vie éternelle.

— *Amen.*

Et que la bénédiction de Dieu tout-puissant, le Père, et le Fils, ✠ et le Saint-Esprit, descende sur vous et y demeure toujours.

— *Amen.*

INVITATION

Et si mon unique résolution, en ce premier jour de 2025,
était d'allumer un cierge dans une église et de confier mon année au Seigneur :
« Que ta volonté soit faite » ?

COMMENTAIRE

En son sanctuaire bienfaisant Luc 2, 16-21

Face à des événements inimaginables, Marie se retire en elle-même pour scruter les profondeurs du mystère qui la déborde. Une écoute intérieure attentive à cette voix de « fin silence » qui ne peut jaillir que de la rencontre entre le Souffle saint et un cœur aimant. Confrontés aux artifices du premier jour de l'année, entrons dans le silence de la Mère de Dieu, là où nous sommes, comme dans un sanctuaire bienfaisant. L'Esprit nous y attend. ■

Sœur Bénédicte de la Croix, cistercienne

❊ CLÉ DE LECTURE

« Dieu a envoyé » Galates 4, 4 *(p. 15)*

Un sommet de la lettre aux Galates, où Paul affirme à la fois l'envoi au milieu de nous de Jésus Fils de Dieu et l'envoi de son Esprit, qui fait des croyants des fils et des filles relevés et accueillis par Dieu. Les deux expressions sont strictement parallèles, comme les deux faces d'un seul et même geste de Dieu : envoi du Fils, envoi de l'Esprit. Une façon forte d'évoquer le dessein de Dieu de toujours à toujours : rejoindre l'humanité en son Fils, né d'une femme au sein du peuple juif, et changer, par la force créatrice de son Esprit, les esprits des êtres humains, désormais capables de se reconnaître en lui pour marcher vers la réconciliation. À chacun de le suivre sur un chemin qui passe par le don de soi et l'amour reçu et offert sans retour. ■

Roselyne Dupont-Roc, bibliste

JEUDI 2 JANVIER 2025

TEMPS DE NOËL COULEUR LITURGIQUE : BLANC

Saint Basile le Grand et saint Grégoire de Nazianze

IVe siècle. Deux amis, deux évêques et deux des plus grands auteurs chrétiens des premiers temps : Basile fut le chantre de l'Esprit Saint, Grégoire celui de la Trinité.

Antienne d'ouverture

Les peuples raconteront la sagesse des saints,
l'Église proclamera leurs louanges, et leur nom reste vivant
pour toutes les générations. (cf. Si 44, 15.14)

Prière

Seigneur Dieu, tu as voulu illuminer ton Église par l'exemple et les enseignements des bienheureux évêques Basile et Grégoire ; accorde-nous de rechercher ta vérité dans l'humilité et de la mettre en œuvre fidèlement dans la charité. Par Jésus… ***— Amen.***

Lecture

de la première lettre de saint Jean (2, 22-28)

« Que demeure en vous ce que vous avez entendu depuis le commencement »

Bien-aimés, le menteur n'est-il pas celui qui refuse que Jésus soit le Christ ? Celui-là est l'anti-Christ : il refuse à la fois le Père et le Fils ; quiconque refuse le Fils n'a pas non plus le Père ; celui qui reconnaît le Fils a aussi le Père. Quant à vous, que demeure en vous ce que vous avez entendu depuis le commencement. Si ce que vous avez entendu depuis le commencement demeure en vous, vous aussi, vous demeurerez dans le Fils et

dans le Père. Et telle est la promesse que lui-même nous a faite : la vie éternelle. Je vous ai écrit cela à propos de ceux qui vous égarent. Quant à vous, l'onction que vous avez reçue de lui demeure en vous, et vous n'avez pas besoin d'enseignement. Cette onction vous enseigne toutes choses, elle qui est vérité et non pas mensonge ; et, selon ce qu'elle vous a enseigné, vous demeurez en lui. Et maintenant, petits enfants, demeurez en lui ; ainsi, quand il se manifestera, nous aurons de l'assurance, et non pas la honte d'être loin de lui à son avènement.
– Parole du Seigneur.

Psaume 97 (98)

℟ ***La terre tout entière a vu le salut de notre Dieu.***

Chantez au Seigneur un chant nouveau,
car il a fait des merveilles ;
par son bras très saint, par sa main puissante,
il s'est assuré la victoire. ℟

Le Seigneur a fait connaître sa victoire
et révélé sa justice aux nations ;
il s'est rappelé sa fidélité, son amour,
en faveur de la maison d'Israël. ℟

La terre tout entière a vu
la victoire de notre Dieu.
Acclamez le Seigneur, terre entière,
sonnez, chantez, jouez ! ℟

Acclamation de l'Évangile

Alléluia. Alléluia. À bien des reprises, Dieu, dans le passé, a parlé à nos pères par les prophètes ; à la fin, en ces jours où nous sommes, il nous a parlé par son Fils. ***Alléluia.***

Évangile de Jésus Christ

selon saint Jean (1, 19-28)

« C'est lui qui vient derrière moi »

Voici le témoignage de Jean le Baptiste, quand les Juifs lui envoyèrent de Jérusalem des prêtres et des lévites pour lui demander : « Qui es-tu ? » Il ne refusa pas de répondre, il déclara ouvertement : « Je ne suis pas le Christ. » Ils lui demandèrent : « Alors qu'en est-il ? Es-tu le prophète Élie ? » Il répondit : « Je ne le suis pas. – Es-tu le Prophète annoncé ? » Il répondit : « Non. » Alors ils lui dirent : « Qui es-tu ? Il faut que nous donnions une réponse à ceux qui nous ont envoyés. Que dis-tu sur toi-même ? » Il répondit : « *Je suis la voix de celui qui crie dans le désert : Redressez le chemin du Seigneur,* comme a dit le prophète Isaïe. » Or, ils avaient été envoyés de la part des pharisiens. Ils lui posèrent encore cette question : « Pourquoi donc baptises-tu, si tu n'es ni le Christ, ni Élie, ni le Prophète ? » Jean leur répondit : « Moi, je baptise dans l'eau. Mais au milieu de vous se tient celui que vous ne connaissez pas ; c'est lui qui vient derrière moi, et je ne suis pas digne de délier la courroie de sa sandale. » Cela s'est passé à Béthanie, de l'autre côté du Jourdain, à l'endroit où Jean baptisait.

Prière sur les offrandes

Accueille, Seigneur, le sacrifice de ton peuple en l'honneur des bienheureux Basile et Grégoire ; nous l'offrons pour te glorifier : qu'il contribue à notre salut éternel. Par le Christ, notre Seigneur. **— *Amen.***

Préface de la Nativité, p. 228.

Antienne de la communion

Nous proclamons le Christ crucifié,
le Christ, puissance de Dieu
et sagesse de Dieu. (cf. 1 Co 1, 23-24)

Prière après la communion

Par cette communion à la table du ciel, Dieu tout-puissant, raffermis et augmente les forces d'en haut en tous ceux qui célèbrent la fête des bienheureux Basile et Grégoire ; aide-nous à garder dans son intégrité le don de la foi, et à marcher sur le chemin du salut qui nous est proposé. Par le Christ, notre Seigneur.
— *Amen.*

INVITATION

J'envoie le signet du mois à un enfant de mon entourage – enfant, filleul, petit-enfant… – en lui demandant de prier pour moi.

COMMENTAIRE

La posture du Précurseur

Jean 1, 19-28

Alors que les foules se dirigent vers lui pour recevoir un baptême de conversion et que les autorités religieuses s'interrogent à son sujet, le Précurseur reste enraciné dans l'humilité. Il est la voix qui crie dans le désert, un doigt pointé en direction de celui que personne ne connaît et dont il n'est pas « digne de délier la courroie de sa sandale ». Puisse sa posture nous inspirer : serviteurs de l'Agneau, oui, mais serviteurs inutiles. ■

Sœur Bénédicte de la Croix, cistercienne

VENDREDI 3 JANVIER 2025

TEMPS DE NOËL COULEUR LITURGIQUE : BLANC

Férie du temps de Noël avant l'Épiphanie

ou **Saint Nom de Jésus,** *voir p. 27,* *ou* **sainte Geneviève,** *voir p. 28*

Antienne d'ouverture

Lumière des cœurs droits,
il s'est levé dans les ténèbres,
le Seigneur de justice,
de tendresse et de pitié.
(cf. Ps 111, 4)

Prière

Dans ta bonté, Seigneur, sois la lumière de tes fidèles ; éclaire toujours leurs cœurs par la splendeur de ta gloire, pour qu'ils ne cessent de reconnaître leur Sauveur et s'attachent à lui en toute vérité. Lui qui… ***— Amen.***

Lecture

de la première lettre de saint Jean (2, 29 – 3, 6)

« Quiconque demeure en lui ne pèche pas »

Bien-aimés, puisque vous savez que lui, Jésus, est juste, reconnaissez que celui qui pratique la justice est, lui aussi, né de Dieu. Voyez quel grand amour nous a donné le Père pour que nous soyons appelés enfants de Dieu – et nous le sommes. Voici pourquoi le monde ne nous connaît pas : c'est qu'il n'a pas connu Dieu. Bien-aimés, dès maintenant, nous

sommes enfants de Dieu, mais ce que nous serons n'a pas encore été manifesté. Nous le savons : quand cela sera manifesté, nous lui serons semblables car nous le verrons tel qu'il est. Et quiconque met en lui une telle espérance se rend pur comme lui-même est pur. Qui commet le péché transgresse la loi ; car le péché, c'est la transgression. Or, vous savez que lui, Jésus, s'est manifesté pour enlever les péchés, et qu'il n'y a pas de péché en lui. Quiconque demeure en lui ne pèche pas ; quiconque pèche ne l'a pas vu et ne le connaît pas.
– Parole du Seigneur.

Psaume 97 (98)

℟ ***La terre tout entière a vu le salut de notre Dieu.***

Chantez au Seigneur un chant nouveau,
car il a fait des merveilles ;
par son bras très saint,
par sa main puissante,
il s'est assuré la victoire. ℟

La terre tout entière a vu
la victoire de notre Dieu.
Acclamez le Seigneur, terre entière,
sonnez, chantez, jouez ! ℟

Jouez pour le Seigneur sur la cithare,
sur la cithare et tous les instruments ;
au son de la trompette et du cor,
acclamez votre roi, le Seigneur ! ℟

Acclamation de l'Évangile

Alléluia. Alléluia. Le Verbe s'est fait chair, il a établi parmi nous sa demeure. À tous ceux qui l'ont reçu, il a donné de pouvoir devenir enfants de Dieu. ***Alléluia.***

Évangile de Jésus Christ

selon saint Jean (1, 29-34)

« Voici l'Agneau de Dieu, qui enlève le péché du monde »

Le lendemain, voyant Jésus venir vers lui, Jean le Baptiste déclara : « Voici l'Agneau de Dieu, qui enlève le péché du monde ; c'est de lui que j'ai dit : L'homme qui vient derrière moi est passé devant moi, car avant moi il était. Et moi, je ne le connaissais pas ; mais, si je suis venu baptiser dans l'eau, c'est pour qu'il soit manifesté à Israël. » Alors Jean rendit ce témoignage : « J'ai vu l'Esprit descendre du ciel comme une colombe et il demeura sur lui. Et moi, je ne le connaissais pas, mais celui qui m'a envoyé baptiser dans l'eau m'a dit : "Celui sur qui tu verras l'Esprit descendre et demeurer, celui- là baptise dans l'Esprit Saint." Moi, j'ai vu, et je rends témoignage : c'est lui le Fils de Dieu. »

Prière sur les offrandes

Reçois favorablement, Seigneur, les dons présentés par ton peuple : que tous obtiennent par tes sacrements ce qu'ils proclament dans la ferveur de la foi. Par le Christ, notre Seigneur. ***— Amen.***

Préface de la Nativité, p. 228.

Antienne de la communion

Voici comment l'amour de Dieu
s'est manifesté parmi nous :
Dieu a envoyé son Fils unique
dans le monde
pour que nous vivions par lui.
(1 Jn 4, 9)

Prière après la communion

Seigneur Dieu, toi qui viens jusqu'à nous quand nous participons à ce sacrement, produis en nos cœurs les fruits de ce mystère, pour que tes propres dons nous préparent à recevoir ce que tu nous donnes. Par le Christ, notre Seigneur. — ***Amen.***

INVITATION

Je peux écrire le Saint Nom de Jésus, que nous célébrons aujourd'hui,
dans la paume de ma main ou le creux de mon bras.
Il accompagnera chaque geste de ma journée.

COMMENTAIRE

Éclairage bouleversant

1 Jean 2, 29 – 3, 6

Notre vie de baptisé est aimantée par la rencontre du Christ. Durant toute notre existence, nous aurons cherché son visage. Saint Jean projette une lumière bouleversante sur ce face-à-face tant attendu. Lorsque nous découvririons celui que notre cœur aime, non seulement nous « le verrons tel qu'il est » mais « nous lui serons semblables ». En présence du Fils, nous comprendrons enfin que nous sommes les enfants du Père. Abyssal ! ■

***Sœur Bénédicte de la Croix**, cistercienne*

Saint Nom de Jésus

Couleur liturgique : blanc

Le prénom « Jésus » signifie « Sauveur ». Parce que Dieu a fait de Jésus le Messie et le Seigneur, le Nom de Jésus est devenu le « nom qui est au-dessus de tout nom ». Comme baptisés, nous sommes appelés à vouer notre vie au Nom de Jésus, notre Seigneur.

Antienne d'ouverture

Au nom de Jésus, que tout genou
fléchisse au ciel, sur terre et aux
enfers, et que toute langue proclame :
« Jésus Christ est Seigneur »
à la gloire de Dieu le Père. (Ph 2, 10-11)

Prière

Seigneur Dieu, dans l'incarnation de ton Verbe, tu as fondé le salut du genre humain : donne aux peuples qui t'appartiennent la miséricorde qu'ils implorent, afin que tous reconnaissent le seul Nom à invoquer, celui de ton Fils unique. Lui qui… ***— Amen.***

Prière sur les offrandes

En te présentant les offrandes qui nous viennent de ta largesse, nous te supplions, Seigneur : puisque tu as donné le Nom qui sauve au Christ obéissant jusqu'à la mort, accorde-nous d'être protégés par la puissance de ce Nom. Par le Christ, notre Seigneur.
— Amen.

Antienne de la communion

Ô Seigneur, notre Dieu, qu'il est grand,
ton Nom, par toute la terre ! (Ps 8, 2)

Prière après la communion

Seigneur, Dieu de majesté, nous avons communié au sacrifice offert pour honorer le Nom du Christ, et nous te prions : qu'il répande en nous les richesses de ta grâce et nous donne la joie de savoir que notre nom est inscrit dans les cieux. Par le Christ, notre Seigneur. ***— Amen.***

Sainte Geneviève

Couleur liturgique : blanc

420-502. Vierge consacrée, pieuse, charitable et énergique, notamment lorsque les Parisiens furent menacés par les Huns, puis par les Francs. Patronne de Paris.

Antienne d'ouverture

Voici la vierge sage, elle est au nombre
des jeunes filles prévoyantes ;
sa lampe allumée, elle est sortie
à la rencontre du Christ.

Prière

Répands sur nous, Seigneur, l'esprit d'intelligence et d'amour dont tu as rempli sainte Geneviève, ta servante ; fais que nous imitions avec empressement sa fidélité et son obéissance, et que nous sachions te plaire par notre foi et toute notre vie. Par Jésus…
— Amen.

Prière sur les offrandes

Nous proclamons tes merveilles, accomplies en la bienheureuse vierge, sainte Geneviève, Seigneur, Dieu de majesté, et nous te supplions humblement : toi qui appréciais les mérites de sa vie, accepte l'hommage de notre service. Par le Christ, notre Seigneur. **— Amen.**

Préface de la Nativité, p. 228.

Antienne de la communion

Voici l'Époux qui vient ! Sortez
à la rencontre du Christ, le Seigneur.
(cf. Mt 25, 6)

Prière après la communion

En participant au don que tu nous as fait, Seigneur notre Dieu, nous avons renouvelé nos forces, et nous te supplions encore : qu'à l'exemple de sainte Geneviève, portant dans notre corps la mort de Jésus, nous cherchions à nous attacher à toi seul. Par le Christ, notre Seigneur. **— Amen.**

SAMEDI 4 JANVIER 2025

TEMPS DE NOËL COULEUR LITURGIQUE : BLANC

Férie du temps de Noël avant l'Épiphanie

Antienne d'ouverture

Dieu a envoyé son Fils,
né d'une femme,
pour que nous soyons adoptés comme fils.
(Ga 4, 4-5)

Prière

Dieu éternel et tout-puissant, par l'avènement de ton Fils unique, tu as bien voulu rayonner d'une lumière nouvelle ; puisque nous l'avons vu prendre un corps comme le nôtre, en devenant l'enfant de la Vierge, accorde-nous d'avoir part à la grâce dans son Royaume. Lui qui… — ***Amen.***

Lecture

de la première lettre de saint Jean (3, 7-10)

« Quiconque est né de Dieu ne commet pas de péché »

Petits enfants, que nul ne vous égare : celui qui pratique la justice est juste comme lui, Jésus, est juste ; celui qui commet le péché est du diable, car, depuis le commencement, le diable est pécheur. C'est pour détruire les œuvres du diable que le Fils de Dieu s'est manifesté. Quiconque est né de Dieu ne commet pas de péché, car ce qui a été semé par Dieu

demeure en lui : il ne peut donc pas pécher, puisqu'il est né de Dieu. Voici comment se manifestent les enfants de Dieu et les enfants du diable : quiconque ne pratique pas la justice n'est pas de Dieu, et pas davantage celui qui n'aime pas son frère.
– Parole du Seigneur.

Psaume 97 (98)

℟ ***La terre tout entière a vu le salut de notre Dieu.***

Chantez au Seigneur un chant nouveau,
car il a fait des merveilles ;
par son bras très saint,
par sa main puissante,
il s'est assuré la victoire. ℟

Que résonnent la mer et sa richesse,
le monde et tous ses habitants ;
que les fleuves battent des mains,
que les montagnes chantent leur joie. ℟

Acclamez le Seigneur, car il vient
pour gouverner la terre,
pour gouverner le monde avec justice
et les peuples avec droiture ! ℟

Acclamation de l'Évangile

Alléluia. Alléluia. À bien des reprises, Dieu, dans le passé, a parlé à nos pères par les prophètes ; à la fin, en ces jours où nous sommes, il nous a parlé par son Fils. ***Alléluia.***

Évangile de Jésus Christ

selon saint Jean (1, 35-42)

« Nous avons trouvé le Messie »

En ce temps-là, Jean le Baptiste se trouvait avec deux de ses disciples. Posant son regard sur Jésus qui allait et venait, il dit : « Voici l'Agneau de Dieu. » Les deux disciples entendirent ce qu'il disait, et ils suivirent Jésus. Se retournant, Jésus vit qu'ils le suivaient, et leur dit : « Que cherchez-vous ? » Ils lui répondirent : « Rabbi – ce qui veut dire : Maître –, où demeures-tu ? » Il leur dit : « Venez, et vous verrez. » Ils allèrent donc, ils virent où il demeurait, et ils restèrent auprès de lui ce jour-là. C'était vers la dixième heure (environ quatre heures de l'après-midi).

André, le frère de Simon-Pierre, était l'un des deux disciples qui avaient entendu la parole de Jean et qui avaient suivi Jésus. Il trouve d'abord Simon, son propre frère, et lui dit : « Nous avons trouvé le Messie » – ce qui veut dire : Christ. André amena son frère à Jésus. Jésus posa son regard sur lui et dit : « Tu es Simon, fils de Jean ; tu t'appelleras Kèphas » – ce qui veut dire : Pierre.

Prière sur les offrandes

Seigneur Dieu, source de la piété véritable et de la paix, nous t'en prions, accorde-nous d'honorer dignement ta gloire par cette offrande ; que, dans la participation fidèle aux saints mystères, nous prenions davantage conscience de notre unité. Par le Christ, notre Seigneur. — ***Amen.***

Préface de la Nativité, p. 228.

Antienne de la communion

Tous, nous avons eu part
à la plénitude du Christ,
et reçu grâce après grâce.
(cf. Jn 1, 16)

Prière après la communion

Ton peuple, Seigneur, a besoin de multiples secours pour sa traversée d'ici-bas ; que ta tendresse lui accorde ceux de la vie présente comme ceux de la vie future : trouvant alors le réconfort nécessaire dans les choses qui passent, il recherchera les biens éternels avec plus de confiance. Par le Christ, notre Seigneur. **— *Amen.***

INVITATION

« Chantez au Seigneur un chant nouveau », dit le psaume.
Quel chant peut porter ma prière, aujourd'hui ? Je l'écoute ou le fredonne…

COMMENTAIRE

Stimulante audace

Jean 1, 35-42

Plus de deux mille ans après l'appel lancé par Jésus sur les bords du Jourdain, son invitation continue de résonner dans le monde : « Venez, et vous verrez. » Quittant le Baptiste, les premiers disciples suivent celui que leur maître vient de désigner comme « l'Agneau de Dieu ». Leur audace nous stimule à presser le pas et à intensifier notre prière. Et que se lèvent de nombreuses vocations assoiffées de sainteté. ■

Sœur Bénédicte de la Croix, *cistercienne*

DIMANCHE 5 JANVIER 2025

ÉPIPHANIE DU SEIGNEUR

ANNÉE C – COULEUR LITURGIQUE : BLANC

© Catherine Chion

Les nations marcheront vers ta lumière. Aujourd'hui encore, des chercheurs de Dieu, des chercheurs de sens désirent se rassembler. Ils cherchent à humaniser le monde, mais ils ignorent la source de leur désir. Saurons-nous reconnaître en eux les mages de notre temps ? Saurons-nous leur manifester notre joie de la venue du Sauveur ?

RITES INITIAUX

Chant d'entrée *(Suggestions p. 252)*
OU
Antienne d'ouverture
Voici venir le Seigneur souverain ;
il tient en main la royauté, la puissance et l'empire.
(cf. Ml 3, 1 ; 1 Ch 29, 12)

Suggestion de préparation pénitentielle *(ou p. 222)*
Au début de notre célébration, présentons-nous à celui qui est la Lumière du monde et qui dissipe les obscurités de nos cœurs. Reconnaissons notre péché.

Seigneur Jésus, manifesté au monde, prends pitié de nous.
— Prends pitié de nous.
Ô Christ, lumière du monde, prends pitié de nous.
— Prends pitié de nous.
Seigneur, ami des hommes, prends pitié de nous.
— Prends pitié de nous.

Que Dieu tout-puissant nous fasse miséricorde ; qu'il nous pardonne nos péchés et nous conduise à la vie éternelle.
— Amen.

Gloire à Dieu *(p. 224)*

Prière
Aujourd'hui, Seigneur Dieu, tu as révélé ton Fils unique aux nations, grâce à l'étoile qui les guidait ; accorde-nous dans ta bonté, à nous qui te connaissons déjà par la foi, d'être conduits jusqu'à la claire vision de ta splendeur. Par Jésus… ***— Amen.***

LITURGIE DE LA PAROLE

Lecture du livre du prophète Isaïe (60, 1-6)

« La gloire du Seigneur s'est levée sur toi »

Debout, Jérusalem, resplendis ! Elle est venue, ta lumière, et la gloire du Seigneur s'est levée sur toi. Voici que les ténèbres couvrent la terre, et la nuée obscure couvre les peuples. Mais sur toi se lève le Seigneur, sur toi sa gloire apparaît. Les nations marcheront vers ta lumière, et les rois, vers la clarté de ton aurore. Lève les yeux alentour, et regarde : tous, ils se rassemblent, ils viennent vers toi ; tes fils reviennent de loin, et tes filles sont portées sur la hanche. Alors tu verras, tu seras radieuse, ton cœur frémira et se dilatera. Les trésors d'au-delà des mers afflueront vers toi, vers toi viendront les richesses des nations. En grand nombre, des chameaux t'envahiront, de jeunes chameaux de Madiane et d'Épha. Tous les gens de Saba viendront, apportant l'or et l'encens ; ils annonceront les exploits du Seigneur.
– Parole du Seigneur.

Psaume 71 (72)

℟ ***Toutes les nations, Seigneur, se prosterneront devant toi.***

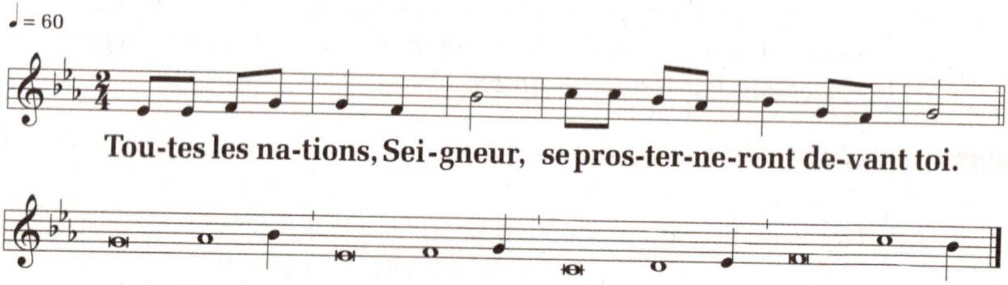

T. : AELF ; M. : T. Ospital ; Éd. : ADF.

Dieu, donne au roi tes pouvoirs,
à ce fils de roi ta justice.
Qu'il gouverne ton peuple avec justice,
qu'il fasse droit aux malheureux ! ℟

En ces jours-là, fleurira la justice,
grande paix jusqu'à la fin des lunes !
Qu'il domine de la mer à la mer,
et du Fleuve jusqu'au bout de la terre ! ℟

Retrouvez ce psaume sur le CD "Les psaumes de l'année C"

Les rois de Tarsis et des Îles apporteront des présents.
Les rois de Saba et de Seba feront leur offrande.
Tous les rois se prosterneront devant lui,
tous les pays le serviront. ℟

Il délivrera le pauvre qui appelle
et le malheureux sans recours.
Il aura souci du faible et du pauvre,
du pauvre dont il sauve la vie. ℟

Lecture de la lettre de saint Paul apôtre aux Éphésiens (3, 2-3a.5-6)

« Il est maintenant révélé que les nations sont associées au même héritage, au partage de la même promesse »

Frères, vous avez appris, je pense, en quoi consiste la grâce que Dieu m'a donnée pour vous : par révélation, il m'a fait connaître le mystère. Ce mystère n'avait pas été porté à la connaissance des hommes des générations passées, comme il a été révélé maintenant à ses saints Apôtres et aux prophètes, dans l'Esprit. Ce mystère, c'est que toutes les nations sont associées au même héritage, au même corps, au partage de la même promesse, dans le Christ Jésus, par l'annonce de l'Évangile.

– Parole du Seigneur.

Acclamation de l'Évangile

Alléluia. Alléluia. Nous avons vu son étoile à l'orient, et nous sommes venus adorer le Seigneur. ***Alléluia.***

T. : AELF; M. : P. Robert.

Évangile de Jésus Christ selon saint Matthieu (2, 1-12)

Nous sommes venus d'Orient adorer le roi

Jésus était né à Bethléem en Judée, au temps du roi Hérode le Grand. Or, voici que des mages venus d'Orient arrivèrent à Jérusalem et demandèrent : « Où est le roi des Juifs qui vient de naître ? Nous avons vu son étoile à l'orient et nous sommes venus nous prosterner devant lui. » En apprenant cela, le roi Hérode fut bouleversé, et tout Jérusalem avec lui. Il réunit tous les grands prêtres et les scribes du peuple, pour leur demander où devait naître le Christ. Ils lui répondirent : « À Bethléem en Judée, car voici ce qui est écrit par le prophète : *Et toi, Bethléem, terre de Juda, tu n'es certes pas le dernier parmi les chefs-lieux de Juda, car de toi sortira un chef, qui sera le berger de mon peuple Israël.* » Alors Hérode convoqua les mages en secret pour leur faire préciser à quelle date l'étoile était apparue ; puis il les envoya à Bethléem, en leur disant : « Allez vous renseigner avec précision sur l'enfant. Et quand vous l'aurez trouvé, venez me l'annoncer pour que j'aille, moi aussi, me prosterner devant lui. » Après avoir entendu le roi, ils partirent.

Et voici que l'étoile qu'ils avaient vue à l'orient les précédait, jusqu'à ce qu'elle vienne s'arrêter au-dessus de l'endroit où se trouvait l'enfant. Quand ils virent l'étoile, ils se réjouirent d'une très grande joie. Ils entrèrent dans la maison, ils virent l'enfant avec Marie sa mère ; et, tombant à ses pieds, ils se prosternèrent devant lui. Ils ouvrirent leurs coffrets, et lui offrirent leurs présents : de l'or, de l'encens et de la myrrhe.

Mais, avertis en songe de ne pas retourner chez Hérode, ils regagnèrent leur pays par un autre chemin.

Annonce de Pâques et des fêtes mobiles

Le jour de l'Épiphanie du Seigneur, après le chant de l'Évangile, le diacre ou un chantre peut proclamer depuis l'ambon, selon un usage ancien de l'Église, les fêtes mobiles de l'année en cours selon la formule suivante :

Vous le savez, frères et sœurs bien-aimés : à l'invitation de la miséricorde de Dieu, nous nous sommes réjouis de la Nativité de notre Seigneur Jésus Christ; de même, nous vous annonçons la joie de la Résurrection de notre Sauveur. Le mercredi des Cendres, commencera l'entraînement du Carême le 5 mars. Vous célébrerez dans la joie la sainte Pâque de notre Seigneur Jésus Christ le dimanche 20 avril. L'Ascension de notre Seigneur Jésus Christ sera fêtée le 29 mai. La Pentecôte sera fêtée le 8 juin. La fête du Corps et du Sang du Christ aura lieu le 22 juin. Le dimanche 30 novembre sera le premier dimanche de l'Avent de notre Seigneur Jésus Christ, à qui soient l'honneur et la gloire, pour les siècles des siècles. —*Amen.*

Homélie

Profession de foi (p. 225)

Suggestion de prière universelle

Le prêtre :

Dans la lumière du Christ manifestée à toutes les nations, présentons à Dieu notre Père, nos prières pour l'Église et pour le monde.

℟ ***Ô Seigneur, en ce jour, écoute nos prières.***

P95; T. et M. : R. Fau; ADF Studio SM.

Le diacre ou un lecteur :

En ce début d'année nous te prions, Seigneur, pour les victimes des guerres, des épidémies, des catastrophes naturelles. ℟

En cette fête de la manifestation du Christ à tous les hommes, nous te prions, Seigneur, pour ton Église, appelée à être accueillante et ouverte à tous. ℟

En ces jours où les familles se rassemblent et se souhaitent le meilleur pour la nouvelle année, nous te prions, Seigneur, pour les personnes malades, seules ou isolées de notre paroisse. ℟

En ce jour où nous faisons mémoire des mages, nous te prions, Seigneur, pour tous les croyants, pour tous les chercheurs de sens, pour tous ceux qui rendent notre monde meilleur. ℟

(Ces intentions seront adaptées ou modifiées selon les circonstances. On peut aussi s'inspirer de l'intention universelle du Saint-Père, p. 6.)

Le prêtre :

Dieu notre Père, en cette fête de l'Épiphanie, accueille toutes nos prières et daigne les exaucer, par le Christ, notre Seigneur. **— *Amen.***

LITURGIE EUCHARISTIQUE

Prière sur les offrandes

Regarde avec bonté, nous t'en prions, Seigneur, les dons de ton Église qui ne t'offre plus ni l'or, ni l'encens, ni la myrrhe, mais celui que ces présents révélaient, qui s'immole et se donne en nourriture : Jésus, le Christ. Lui qui… ***— Amen.***

Prière eucharistique *(Préface de l'Épiphanie)*

Vraiment, il est juste et bon, pour ta gloire et notre salut, de t'offrir notre action de grâce, toujours et en tout lieu, Seigneur, Père très saint, Dieu éternel et tout-puissant. Aujourd'hui tu as dévoilé dans le Christ le mystère de notre salut pour que tous les peuples en soient illuminés ; et quand le Christ s'est manifesté dans notre nature mortelle, tu nous as renouvelés par la gloire de son immortalité. C'est pourquoi, avec les anges et les archanges, avec les puissances d'en haut et tous les esprits bienheureux, nous chantons l'hymne de ta gloire et sans fin nous proclamons : ***Saint ! Saint ! Saint…***

Chant de communion *(Suggestions p. 252)*

OU

Antienne de la communion

Nous avons vu son étoile à l'orient et nous sommes venus avec des présents adorer le Seigneur. (cf. Mt 2, 2)

Prière après la communion

Que la clarté d'en haut, nous t'en prions, Seigneur, nous devance toujours et partout, afin que nous puissions contempler d'un regard pur et accueillir dans un cœur aimant le mystère auquel tu as voulu nous faire participer. Par le Christ, notre Seigneur. **— *Amen.***

RITE DE CONCLUSION

Bénédiction solennelle

Dieu vous a appelés des ténèbres à son admirable lumière ; dans sa bonté, qu'il répande sur vous sa bénédiction, qu'il établisse vos cœurs dans la foi, l'espérance et la charité. **— *Amen.***

Aujourd'hui, le Christ, lumière qui luit dans les ténèbres, s'est manifesté au monde ; puisque vous le suivez avec confiance, qu'il vous donne d'être, vous aussi, lumière pour vos frères. **— *Amen.***

Quand vous serez au terme de votre pèlerinage, puissiez-vous rejoindre celui que les mages, conduits par l'étoile, ont cherché et trouvé avec grande joie : le Christ Seigneur, lumière née de la lumière. **— *Amen.***

Et que la bénédiction de Dieu tout-puissant, le Père, et le Fils, ✠ et le Saint-Esprit, descende sur vous et y demeure toujours.

— *Amen.*

Envoi

COMMENTAIRE DU DIMANCHE

Karem Bustica, rédactrice en chef de *Prions en Église*

L'humilité de Dieu

Selon une tradition qui remonte aux tout premiers temps de l'Église, les dates de Pâques et des principales fêtes mobiles de l'année sont annoncées en la solennité de l'Épiphanie. Cette singularité liturgique dit bien le caractère indissociable du mystère de l'incarnation du Christ avec celui de sa résurrection. Autrement dit, Noël est profondément lié à Pâques. Comme si l'attitude des mages se prosternant devant la crèche préfigurait déjà celle des femmes et des disciples découvrant le tombeau vide. Une étable, une jeune famille et des cadeaux de naissance inattendus à l'Épiphanie. Une sépulture déserte, quelques amis fidèles et des aromates à Pâques. Tout au long de l'année, la liturgie nous rappelle avec pédagogie que Dieu manifeste sa grandeur dans la fragilité d'un nouveau-né tout autant que dans l'agonie du condamné à mort. Voilà qui devrait interroger l'image que nous avons de lui. Dieu est humilité. Il se laisse trouver par des chercheurs comme les mages, par des simples comme les bergers, par des pardonnés comme Marie Madeleine, par des généreux comme Joseph d'Arimathie… Cette fête de l'Épiphanie est l'occasion de redécouvrir le chemin du dépouillement de Dieu, sa façon de cacher sa gloire dans la mangeoire de Bethléem, dans la Croix sur le calvaire, dans le frère et dans la sœur qui souffrent autour de nous.

Que m'inspire cet épisode de l'adoration des mages ?

Quels présents vais-je offrir au nouveau-né de la crèche ? ■

Prions en Eglise Junior

LIRE L'ÉVANGILE AVEC LES ENFANTS

CE QUE JE DÉCOUVRE

Des mages venus d'Orient se demandent : **« Où est le roi des Juifs qui vient de naître ? »** Dans le village de Bethléem, explique la Bible. C'est donc là que les mages se rendent, guidés par l'étoile. Elle illumine leur chemin. Grâce à elle, ils comprennent que l'Enfant Jésus est exceptionnel. Alors, ils se prosternent devant lui et lui offrent leurs plus beaux cadeaux. Les mages reconnaissent que **Jésus est le roi des Juifs, le Christ, le chef qui sera le berger d'Israël.** Et ils en éprouvent une immense joie.

CE QUE JE VIS

À qui demandes-tu de l'aide pour chercher des informations ?
À la place des mages, quel cadeau aurais-tu offert ? Pourquoi ?
Comme les mages, prosterne-toi devant la crèche. Remercie Jésus et demande-lui de te protéger.

Texte : Bénédicte de Breuil. Illustrations : Marcelino Truong

MÉDITATION BIBLIQUE

ÉPIPHANIE DU SEIGNEUR

Évangile selon saint Matthieu 2, 1-12

Voir et se mettre en route

Les mages ont vu et ils sont venus. Perception et mise en route : tels sont les fondamentaux d'une démarche de foi. Ce qui suppose une ouverture à l'inattendu, une soif d'aller plus loin quel que soit le chemin à parcourir, un désir de cohérence entre perception et action.

Le temps de la préparation

« Nous avons vu son étoile à l'Orient et nous sommes venus adorer le Seigneur. » (Acclamation de l'Évangile)

Le temps de l'observation

L'évangile d'aujourd'hui nous est connu. Peut-être, nous est-il même trop connu pour nous étonner encore ? Mais n'est-ce pas là où nous croyons savoir que nous sommes attendus, invités tels les mages à nous déplacer, à demander notre chemin comme ils le firent ? Il est si facile d'en rester à ce que nous savons ou croyons savoir, comme les grands prêtres et les scribes sollicités ici ou encore comme Hérode – au fait pourtant que la demande des mages portait bien sur le Christ Messie attendu… À l'ouverture des premiers, à leur •••

... conscience d'un manque, à leur détermination s'opposent l'immobilisme et la peur des autres. Ces derniers, Hérode en particulier, sont prisonniers de leurs propres représentations de la « royauté » messianique et incapables d'accueillir celui qui a choisi de s'enfouir dans une humanité vulnérable et sans gloire.

Le temps de la méditation

Tous, nous abritons en nous un chercheur de Dieu, à l'image de ces étrangers venus d'Orient sur un signe ténu. Nous sommes prêts alors à prendre des risques pour vivre l'expérience de la rencontre avec celui qui ne cesse de s'offrir et dont nous pressentons qu'il peut changer notre vie, nous conduire à l'émerveillement, à l'adoration, à la déprise de la prosternation et du don de nous-mêmes dans ce que nous avons de meilleur. Mais nous hébergeons également un Hérode terrifié par ce qu'il pourrait perdre. Et comme le Christ a été signe de contradiction pour ses contemporains, il peut l'être à l'intérieur de nous-mêmes. D'où l'importance de clarifier nos représentations de Dieu, avec les fantasmes, les peurs et les méfiances qui vont avec. À nous de nous laisser guider par l'Esprit, de consentir à ne pas tout maîtriser, de nous appliquer à cette cohérence risquée mais promise à la joie. D'où l'importance également d'une relecture de vie régulière, à la lumière de la Parole.

Le temps de la prière

« Montre-moi ton chemin,
Seigneur, que je marche
selon ta vérité ; unifie mon cœur
pour qu'il craigne ton nom. »
(Ps 85, 11) ■

Emmanuelle Billoteau, ermite

PARTAGE BIBLIQUE

Environ 45 minutes

Une bible ou Prions en Église, page 38

LA VISITE DES MAGES (MT 2, 1-12)

Lire

Prolongeons l'esprit de Noël en relisant ce beau passage sur les mages.

Comprendre le texte

Ils ne sont ni trois ni rois… Ce sont des mages ou des astrologues qui symbolisent l'élite du monde païen. Ils servent de révélateurs entre ceux que l'on appelle vraiment rois, le roi Hérode à Jérusalem et le roi Jésus à Bethléem. L'étoile luit à l'orient, du côté des païens et guide les pas de ces personnages vers le Christ. À Jérusalem pourtant, l'étoile paraît absente. Hérode joue le rôle de Pharaon par rapport à Moïse : même endurcissement et même réaction emplie de fureur. Les informations données par Hérode sont sans poids puisque l'étoile apparaît aussitôt après le départ de Jérusalem. Par leur attitude d'adoration, ces savants préfigurent la foi des païens. Leurs présents offerts sont une allusion au pèlerinage des nations qui apportent à Sion le meilleur de leurs produits. •••

PARTAGE BIBLIQUE (SUITE) LA VISITE DES MAGES (MT 2, 1-12)

••• La visite des mages d'Orient déclenche la fuite en Égypte. Ce qui est raconté là est un exode à rebours : Hérode le roi des Juifs fait tuer les nouveau-nés de Bethléem comme Pharaon avait exterminé les enfants mâles d'Israël, et l'Égypte, qui était le lieu de la servitude des Hébreux, devient pour la petite famille le pays du refuge.

Partager

- Qu'est-ce que je réponds à la question des mages : « Où est le roi des Juifs qui vient de naître ? »
- Les fidèles d'autres religions nourrissent-ils ma foi ?
- Les mages ont désobéi à l'ordre d'Hérode : en quoi la désobéissance peut-elle avoir du prix dans ma vie de croyant ?
- Ma foi réclame-t-elle de voir Dieu et pourquoi ?

Prier

Manifestons notre joie en reprenant le chant de louange *Qu'exulte tout l'univers* (DEV44-72). ■

Sylvain Gasser, prêtre assomptionniste

Une prière *de Lise Lachance, pour ce dimanche*

Fils de Dieu, lumière dans notre vie !

Tous les peuples, battez des mains et réjouissez-vous.
Nous étions dans les ténèbres
et Dieu a fait briller sur nous sa lumière.

Nous étions dans la guerre et la peur,
nos enfants manquaient de tout, nous étions
sans espérance et nous avons vu son Fils, son Envoyé.

Que sa parole éclaire notre vie, que son pain rassasie
notre faim, que sa loi d'amour nous rassemble
pour que nous devenions le peuple que Dieu choisit.

Qu'il fasse de tous les humains une famille unie
dans le pardon et le partage, au nom de la promesse
accomplie en Jésus, lui qui fait la joie de Dieu et la nôtre.

LUNDI 6 JANVIER 2025

TEMPS DE NOËL COULEUR LITURGIQUE : BLANC

Férie du temps de Noël après l'Épiphanie

Antienne d'ouverture

Un jour très saint a brillé à nos yeux : nations, venez toutes adorer le Seigneur, car une grande lumière est descendue sur la terre.

Prière

Seigneur Dieu, ton Verbe, dont l'éternité fait resplendir la beauté du ciel, a pris, de la Vierge Marie, la faiblesse de notre chair ; nous t'en prions : puisqu'il nous est apparu dans la splendeur de la vérité, qu'il s'avance aussi, dans la plénitude de sa puissance, pour la rédemption du monde. Lui qui… ***— Amen.***

Lecture

de la première lettre de saint Jean (3, 22 – 4, 6)

« Examinez les esprits pour voir s'ils sont de Dieu »

Bien-aimés, quoi que nous demandions à Dieu, nous le recevons de lui, parce que nous gardons ses commandements, et que nous faisons ce qui est agréable à ses yeux.
Or, voici son commandement : mettre notre foi dans le nom de son Fils Jésus Christ, et nous aimer les uns les autres comme il nous l'a commandé. Celui qui garde ses commandements demeure en Dieu, et Dieu en lui ; et voilà comment nous reconnaissons qu'il demeure en nous, puisqu'il nous a donné part à son Esprit.

Bien-aimés, ne vous fiez pas à n'importe quelle inspiration, mais examinez les esprits* pour voir s'ils sont de Dieu, car beaucoup de faux prophètes se sont répandus dans le monde. Voici comment vous reconnaîtrez l'Esprit de Dieu : tout esprit qui proclame que Jésus Christ est venu dans la chair, celui-là est de Dieu. Tout esprit qui refuse de proclamer Jésus, celui-là n'est pas de Dieu : c'est l'esprit de l'anti-Christ, dont on vous a annoncé la venue et qui, dès maintenant, est déjà dans le monde. Vous, petits enfants, vous êtes de Dieu, et vous avez vaincu ces gens-là ; car Celui qui est en vous est plus grand que celui qui est dans le monde. Eux, ils sont du monde ; voilà pourquoi ils parlent le langage du monde, et le monde les écoute. Nous, nous sommes de Dieu ; celui qui connaît Dieu nous écoute ; celui qui n'est pas de Dieu ne nous écoute pas. C'est ainsi que nous reconnaissons l'esprit de la vérité et l'esprit de l'erreur. – Parole du Seigneur.

Psaume 2

℟ ***Tu es mon fils ; je te donne en héritage les nations.***

Le Seigneur m'a dit : « Tu es mon fils ;
moi, aujourd'hui, je t'ai engendré.
Demande, et je te donne
en héritage les nations,
pour domaine la terre tout entière. » ℟

Maintenant, rois, comprenez,
reprenez-vous, juges de la terre.
Servez le Seigneur avec crainte,
rendez-lui votre hommage
en tremblant. ℟

Acclamation de l'Évangile

Alléluia. Alléluia. Jésus proclamait l'Évangile du Royaume, et guérissait toute maladie dans le peuple. ***Alléluia.***

Évangile de Jésus Christ

selon saint Matthieu (4, 12-17.23-25)

« Le royaume des Cieux est tout proche »

En ce temps-là, quand Jésus apprit l'arrestation de Jean le Baptiste, il se retira en Galilée. Il quitta Nazareth et vint habiter à Capharnaüm, ville située au bord de la mer de Galilée, dans les territoires de Zabulon et de Nephtali. C'était pour que soit accomplie la parole prononcée par le prophète Isaïe : *Pays de Zabulon et pays de Nephtali, route de la mer et pays au-delà du Jourdain, Galilée des nations ! Le peuple qui habitait dans les ténèbres a vu une grande lumière. Sur ceux qui habitaient dans le pays et l'ombre de la mort, une lumière s'est levée.* À partir de ce moment, Jésus commença à proclamer : « Convertissez-vous, car le royaume des Cieux est tout proche. »

Jésus parcourait toute la Galilée ; il enseignait dans leurs synagogues, proclamait l'Évangile du Royaume, guérissait toute maladie et toute infirmité dans le peuple. Sa renommée se répandit dans toute la Syrie. On lui amena tous ceux qui souffraient, atteints de maladies et de tourments de toutes sortes : possédés, épileptiques, paralysés. Et il les guérit. De grandes foules le suivirent, venues de la Galilée, de la Décapole, de Jérusalem, de la Judée, et de l'autre côté du Jourdain.

Prière sur les offrandes

Accueille, Seigneur, ce que nous présentons pour cette eucharistie où s'accomplit un admirable échange : en offrant ce que tu nous as donné, puissions-nous te recevoir toi-même. Par le Christ, notre Seigneur. **— *Amen.***

Préface de l'Épiphanie, p. 230, ou de la Nativité, p. 228.

Antienne de la communion

Nous avons vu la gloire du Verbe
fait chair, gloire qu'il tient
de son Père comme Fils unique,
plein de grâce et de vérité.
(cf. Jn 1, 14)

Prière après la communion

Dieu tout-puissant, nous t'en prions : fais que la force de tes saints mystères soutienne constamment notre vie. Par le Christ, notre Seigneur.
— *Amen.*

INVITATION

Nous lisons, ces jours-ci, la première lettre de saint Jean.
Et si je la lisais en entier, un crayon à la main ?
Je note mes remarques, mes questionnements, mes découvertes.

COMMENTAIRE

Deux critères de discernement 1 Jean 3, 22 – 4, 6

La lettre de Jean vient nous rejoindre dans notre contexte de confusion où se multiplient de « faux prophètes » qui promettent ce qu'ils ne peuvent donner. Deux critères nous aident à discerner : celui de l'amour du semblable et celui du positionnement par rapport à Jésus Christ et, donc, par rapport à son enseignement. Ainsi, ne confondons pas quête du bien-être et quête du salut, prière et modification de l'état de conscience. N'est-ce pas à nous laisser habiter par l'Esprit que nous sommes appelés ? ■

***Emmanuelle Billoteau**, ermite*

✻ CLÉ DE LECTURE

« Examinez les esprits » 1 Jean 4, 1 *(p. 53)*

En plein débat sur la foi en Jésus, Fils de Dieu crucifié, l'auteur invite chacun à « examiner les esprits » et à faire un travail de vérité. Discerner, reconnaître, le verbe employé est celui de la *« dokimasie »* : à Athènes, elle désigne l'examen public que l'on faisait passer à quiconque prétendait au titre de « citoyen ». On sait combien c'est chose ardue, tant il est facile d'un côté de tricher, de l'autre de condamner trop vite. Mais l'auteur nous conduit ailleurs : nul ne possède la vérité, mais nous devons nous mettre à l'écoute de l'Esprit qui nous dépasse et nous échappe. On ne discerne jamais tout seul, la quête de la vérité ne peut se faire qu'ensemble, dans le respect et le dialogue, le critère ultime restant celui de l'amour mutuel. ■

***Roselyne Dupont-Roc**, bibliste*

MARDI 7 JANVIER 2025

TEMPS DE NOËL COULEUR LITURGIQUE : BLANC

Férie du temps de Noël après l'Épiphanie
ou **saint Raymond de Penyafort**

Antienne d'ouverture

Béni soit celui qui vient au nom du Seigneur :
le Seigneur est Dieu, et il nous illumine.
(cf. Ps 117, 26-27)

Prière

Seigneur Dieu, c'est dans la réalité de notre chair que ton Fils unique est apparu ; puisqu'à son aspect extérieur, nous l'avons reconnu semblable à nous, fais que par lui nous soyons intérieurement transformés. Lui qui… ***— Amen.***

Lecture

de la première lettre de saint Jean (4, 7-10)

« Dieu est amour »

Bien-aimés, aimons-nous les uns les autres, puisque l'amour vient de Dieu. Celui qui aime est né de Dieu et connaît Dieu. Celui qui n'aime pas n'a pas connu Dieu, car Dieu est amour. Voici comment l'amour de Dieu s'est manifesté parmi nous : Dieu a envoyé son Fils unique dans le monde pour que nous vivions par lui. Voici en quoi consiste l'amour : ce n'est pas nous qui avons aimé Dieu, mais c'est lui qui nous a aimés, et il a envoyé son Fils en sacrifice de pardon pour nos péchés. – Parole du Seigneur.

Psaume 71 (72)

℟ ***Tous les rois se prosterneront devant lui, tous les pays le serviront.***

Dieu, donne au roi tes pouvoirs,
à ce fils de roi ta justice.
Qu'il gouverne ton peuple avec justice,
qu'il fasse droit aux malheureux ! ℟

Montagnes, portez au peuple la paix,
collines, portez-lui la justice !
Qu'il fasse droit aux malheureux
de son peuple,
qu'il sauve les pauvres gens,
qu'il écrase l'oppresseur ! ℟

En ces jours-là, fleurira la justice,
grande paix jusqu'à la fin des lunes !
Qu'il domine de la mer à la mer,
et du Fleuve jusqu'au bout de la terre ! ℟

Acclamation de l'Évangile

Alléluia. Alléluia. Le Seigneur m'a envoyé porter la Bonne Nouvelle aux pauvres, annoncer aux captifs leur libération. ***Alléluia.***

Évangile de Jésus Christ

selon saint Marc (6, 34-44)

Multipliant les pains, Jésus se manifeste comme le Prophète

En ce temps-là, Jésus vit une grande foule. Il fut saisi de compassion envers eux, parce qu'ils étaient comme des brebis sans berger. Alors, il se mit à les enseigner longuement. Déjà l'heure était avancée ; s'étant approchés de lui, ses disciples disaient : « L'endroit est désert et déjà l'heure est tardive. Renvoie-les : qu'ils aillent dans les campagnes et les villages des environs s'acheter de quoi manger. » Il leur répondit : « Donnez-leur vous-mêmes à manger. » Ils répliquent : « Irons-nous dépenser le salaire de deux cents journées pour acheter des pains et leur donner à manger ? » Jésus leur demande : « Combien de pains avez-vous ? Allez voir. » S'étant informés, ils lui disent : « Cinq, et deux poissons. » Il leur ordonna de les faire tous asseoir par groupes sur l'herbe verte. Ils se disposèrent par carrés de cent et de cinquante. Jésus prit les cinq pains et les deux poissons, et, levant les yeux au ciel, il prononça la bénédiction et rompit les pains ; il les donnait aux disciples pour qu'ils les distribuent à la foule. Il partagea aussi les deux poissons entre eux tous. Ils mangèrent tous et ils furent rassasiés. Et l'on ramassa les morceaux de pain qui restaient, de quoi remplir douze paniers, ainsi que les restes des poissons. Ceux qui avaient mangé les pains étaient au nombre de cinq mille hommes.

Prière sur les offrandes

Reçois favorablement, Seigneur, les dons présentés par ton peuple : que tous obtiennent par tes sacrements ce qu'ils proclament dans la ferveur de la foi. Par le Christ, notre Seigneur. — ***Amen.***

Préface de l'Épiphanie, p. 230, ou de la Nativité, p. 228.

Antienne de la communion

À cause du grand amour dont il nous a aimés, Dieu a envoyé son propre Fils dans une condition charnelle semblable à celle des pécheurs.
(Ep 2, 4 ; Rm 8, 3)

Prière après la communion

Seigneur Dieu, toi qui viens jusqu'à nous quand nous participons à ce sacrement, produis en nos cœurs les fruits de ce mystère, pour que tes propres dons nous préparent à recevoir ce que tu nous donnes. Par le Christ, notre Seigneur. ***— Amen.***

INVITATION

Je réfléchis à un geste concret de sobriété.
Ce sera mon offrande du jour au Seigneur.

COMMENTAIRE

Don d'amour libérateur 1 Jean 4, 7-10

« Voici en quoi consiste l'amour » : un propos qui peut nous aider à clarifier cette réalité que nous n'aurons jamais fini d'expérimenter. Il ne s'agit pas d'abord d'une question de sentiment, mais d'un libre don de soi à la manière du Christ. Un don de soi qui ouvre à l'autre un avenir de liberté, quel qu'ait pu être son comportement à notre égard, et qui ne l'enferme pas. Un amour qui a sa source en Dieu. De quoi implorer le don de l'Esprit qui est amour répandu en nos cœurs (cf. Rm 5). ■

Emmanuelle Billoteau, *ermite*

MERCREDI 8 JANVIER 2025

TEMPS DE NOËL COULEUR LITURGIQUE : BLANC

Férie du temps de Noël après l'Épiphanie

5 - 11

Antienne d'ouverture
Le peuple qui marchait dans les ténèbres
a vu se lever une grande lumière ; et sur les habitants
du pays de l'ombre de la mort une lumière a resplendi. (Is 9, 1)

Prière
Seigneur Dieu, toi qui éclaires toutes les nations, accorde aux peuples de la terre la joie de vivre toujours en paix, et diffuse en nos cœurs cette admirable lumière que tu as répandue sur nos pères dans la foi. Par Jésus… ***— Amen.***

Lecture

de la première lettre de saint Jean (4, 11-18)

« Si nous nous aimons les uns les autres, Dieu demeure en nous »

Bien-aimés, puisque Dieu nous a tellement aimés, nous devons, nous aussi, nous aimer les uns les autres. Dieu, personne ne l'a jamais vu. Mais si nous nous aimons les uns les autres, Dieu demeure en nous, et, en nous, son amour atteint la perfection. Voici comment nous reconnaissons que nous demeurons en lui et lui en nous : il nous a donné part à son Esprit. Quant à nous, nous avons vu et nous attestons que le Père a envoyé son Fils comme Sauveur du monde.

Celui qui proclame que Jésus est le Fils de Dieu, Dieu demeure en lui*, et lui en Dieu. Et nous, nous avons reconnu l'amour que Dieu a pour nous, et nous y avons cru. Dieu est amour : qui demeure dans l'amour demeure en Dieu, et Dieu demeure en lui. Voici comment l'amour atteint, chez nous, sa perfection : avoir de l'assurance au jour du jugement; comme Jésus, en effet, nous ne manquons pas d'assurance en ce monde. Il n'y a pas de crainte dans l'amour, l'amour parfait bannit la crainte; car la crainte implique un châtiment, et celui qui reste dans la crainte n'a pas atteint la perfection de l'amour.

– Parole du Seigneur.

Psaume 71 (72)

℟ ***Tous les rois se prosterneront devant lui, tous les pays le serviront.***

Dieu, donne au r**o**i tes pouvoirs,
à ce fils de r**o**i ta justice.
Qu'il gouverne ton pe**u**ple avec justice,
qu'il fasse dr**o**it aux malheureux ! ℟

Les rois de Tarsis et des Îles
apporter**o**nt des présents.
Les rois de Saba et de Seba
fer**o**nt leur offrande.
Tous les rois se prosterner**o**nt devant lui,
tous les pa**y**s le serviront. ℟

Il délivrera le pa**u**vre qui appelle
et le malheure**u**x sans recours.
Il aura souci du f**a**ible et du pauvre,
du pauvre dont il sa**u**ve la vie. ℟

Acclamation de l'Évangile

Alléluia. Alléluia. Louange à toi, Jésus Christ, manifesté dans la chair, proclamé parmi les nations, reconnu dans le monde. ***Alléluia.***

Évangile de Jésus Christ

selon saint Marc (6, 45-52)

« Ils le virent marcher sur la mer »

Aussitôt après avoir nourri les cinq mille hommes, Jésus obligea ses disciples à monter dans la barque et à le précéder sur l'autre rive, vers Bethsaïde, pendant que lui-même renvoyait la foule. Quand il les eut congédiés, il s'en alla sur la montagne pour prier. Le soir venu, la barque était au milieu de la mer et lui, tout seul, à terre. Voyant qu'ils peinaient à ramer, car le vent leur était contraire, il vient à eux vers la fin de la nuit en marchant sur la mer, et il voulait les dépasser. En le voyant marcher sur la mer, les disciples pensèrent que c'était un fantôme et ils se mirent à pousser des cris. Tous, en effet, l'avaient vu et ils étaient bouleversés. Mais aussitôt Jésus parla avec eux et leur dit : « Confiance ! c'est moi ; n'ayez pas peur ! » Il monta ensuite avec eux dans la barque et le vent tomba ; et en eux-mêmes ils étaient au comble de la stupeur, car ils n'avaient rien compris au sujet des pains : leur cœur était endurci.

Prière sur les offrandes

Seigneur Dieu, source de la piété véritable et de la paix, nous t'en prions, accorde-nous d'honorer dignement ta gloire par cette offrande ; que, dans la participation fidèle aux saints mystères, nous prenions davantage conscience de notre unité. Par le Christ, notre Seigneur. **— *Amen.***

Préface de l'Épiphanie, p. 230, ou de la Nativité, p. 228.

Antienne de la communion

La vie, qui était auprès du Père,
s'est manifestée et nous est apparue.
(1 Jn 1, 2)

Prière après la communion

Ton peuple, Seigneur, a besoin de multiples secours pour sa traversée d'ici-bas ; que ta tendresse lui accorde ceux de la vie présente comme ceux de la vie future : trouvant alors le réconfort nécessaire dans les choses qui passent, il recherchera les biens éternels avec plus de confiance. Par le Christ, notre Seigneur. **— *Amen.***

INVITATION

Quelle phrase ai-je envie de retenir et de méditer dans les textes du jour ?
Elle m'accompagnera tout au long de ma journée.

COMMENTAIRE

La vie éternelle est en nous

1 Jean 4, 11-18

Demeurer en Dieu comme Dieu demeure en nous : tel est l'horizon de toute vie chrétienne. Une invitation à l'intériorité pour découvrir Dieu « plus intime à nous-mêmes que nous-mêmes » (saint Augustin), ou « comme une source qui jaillit » en nous « en vie éternelle » (M. Zundel). N'est-ce pas cette expérience, même fugitive, qui nous permettra d'accéder à « l'amour qui bannit la crainte » ? Alors, prenons le temps de nous exposer à la Parole et de revenir au Christ au cours de nos journées. ■

***Emmanuelle Billoteau**, ermite*

✲ CLÉ DE LECTURE

« Dieu demeure en lui »

1 Jean 4, 15 *(p. 62)*

Quand les références et le langage chrétiens s'estompent, le témoignage de l'amour demeure. Et beaucoup s'étonnent que les chrétiens ne s'en contentent pas : pourquoi rajouter ces récits anciens, pourquoi tenir à la Bible et à sa tradition, à quoi sert de confesser Jésus Christ, puisque l'amour suffit et que des preuves magnifiques d'amour sont données par des incroyants ? Le chrétien pourtant sait qu'un cadeau sans égal lui a été fait : croire que l'amour maladroit et fragile qu'il tente de vivre est accompagné, qu'il est précédé par l'amour plus grand d'un Dieu, manifesté dans la vie et la mort de Jésus. Là où le croyant connaît sa faiblesse et son impuissance, il garde l'espérance imprenable de se savoir aimé jusque dans l'échec et la mort. ■

***Roselyne Dupont-Roc**, bibliste*

JEUDI 9 JANVIER 2025

TEMPS DE NOËL COULEUR LITURGIQUE : BLANC

Férie du temps de Noël après l'Épiphanie

Antienne d'ouverture

Au commencement et avant le temps, le Verbe était Dieu :
lui-même a daigné naître dans le temps des hommes
comme Sauveur du monde. (cf. Jn 1, 1)

Prière

Seigneur Dieu, par ton Fils, tu as fait lever sur toutes les nations l'aurore de ton jour éternel ; accorde à ton peuple de reconnaître la splendeur éclatante de son Rédempteur et de parvenir, en progressant dans la foi, jusqu'à la clarté sans fin. Par Jésus… ***— Amen.***

Lecture

de la première lettre de saint Jean (4, 19 – 5, 4)

« Celui qui aime Dieu, qu'il aime aussi son frère »

Bien-aimés, nous aimons parce que Dieu lui-même nous a aimés le premier. Si quelqu'un dit : « J'aime Dieu », alors qu'il a de la haine contre son frère, c'est un menteur. En effet, celui qui n'aime pas son frère, qu'il voit, est incapable d'aimer Dieu, qu'il ne voit pas. Et voici le commandement que nous tenons de lui : celui qui aime Dieu, qu'il aime aussi son frère. Celui qui croit que Jésus est le Christ, celui-là est né de Dieu ; celui

qui aime le Père qui a engendré aime aussi le Fils qui est né de lui. Voici comment nous reconnaissons que nous aimons les enfants de Dieu : lorsque nous aimons Dieu et que nous accomplissons ses commandements. Car tel est l'amour de Dieu : garder ses commandements ; et ses commandements ne sont pas un fardeau, puisque tout être qui est né de Dieu est vainqueur du monde. Or la victoire remportée sur le monde, c'est notre foi.
– Parole du Seigneur.

Psaume 71 (72)

℟ ***Tous les rois se prosterneront devant lui, tous les pays le serviront.***

Dieu, donne au roi tes pouvoirs,
à ce fils de roi ta justice.
Qu'il gouverne ton peuple avec justice,
qu'il fasse droit aux malheureux ! ℟

Il les rachète à l'oppression, à la violence ;
leur sang est d'un grand prix à ses yeux.
On priera sans relâche pour lui ;
tous les jours, on le bénira. ℟

Que son nom dure toujours ;
sous le soleil, que subsiste son nom !
En lui, que soient bénies
toutes les familles de la terre ;
que tous les pays le disent bienheureux ! ℟

Acclamation de l'Évangile

Alléluia. Alléluia. Le Seigneur m'a envoyé porter la Bonne Nouvelle aux pauvres, annoncer aux captifs leur libération. ***Alléluia.***

Évangile de Jésus Christ

selon saint Luc (4, 14-22a)

« Aujourd'hui s'accomplit ce passage de l'Écriture »

En ce temps-là, lorsque Jésus, dans la puissance de l'Esprit, revint en Galilée, sa renommée se répandit dans toute la région. Il enseignait dans les synagogues, et tout le monde faisait son éloge.

Il vint à Nazareth, où il avait été élevé. Selon son habitude, il entra dans la synagogue le jour du sabbat, et il se leva pour faire la lecture. On lui remit le livre du prophète Isaïe. Il ouvrit le livre et trouva le passage où il est écrit : *L'Esprit du Seigneur est sur moi parce que le Seigneur m'a consacré par l'onction. Il m'a envoyé porter la Bonne Nouvelle aux pauvres, annoncer aux captifs leur libération, et aux aveugles qu'ils retrouveront la vue, remettre en liberté les opprimés, annoncer une année favorable accordée par le Seigneur.*

Jésus referma le livre, le rendit au servant et s'assit. Tous, dans la synagogue, avaient les yeux fixés sur lui. Alors il se mit à leur dire : « Aujourd'hui s'accomplit ce passage de l'Écriture que vous venez d'entendre. » Tous lui rendaient témoignage et s'étonnaient des paroles de grâce qui sortaient de sa bouche.

Prière sur les offrandes

Accueille, Seigneur, ce que nous présentons pour cette eucharistie où s'accomplit un admirable échange : en offrant ce que tu nous as donné, puissions-nous te recevoir toi-même. Par le Christ, notre Seigneur. — ***Amen.***

Préface de l'Épiphanie, p. 230, ou de la Nativité, p. 228.

Antienne de la communion
Dieu a tellement aimé le monde qu'il a donné son Fils unique, afin que quiconque croit en lui ne se perde pas, mais obtienne la vie éternelle. (Jn 3, 16)

Prière après la communion
Dieu tout-puissant, nous t'en prions : fais que la force de tes saints mystères soutienne constamment notre vie. Par le Christ, notre Seigneur.
— *Amen.*

INVITATION

Je peux m'associer à la prière de l'Église universelle proposée par le pape François en ce mois de janvier *(voir p. 6)*.

COMMENTAIRE

La juste interprétation 1 Jean 4, 19 – 5, 4

La première lecture insiste sur le critère de discernement qu'est notre attitude à l'égard de notre semblable. Car il est plus difficile de faire illusion avec une personne que nous voyons et à laquelle nous nous frottons au quotidien. Mais il existe aussi un critère de discernement quant à l'amour de Dieu : le fait de garder et de mettre en pratique ses commandements. Ce qui suppose de les interpréter justement : d'où l'importance d'une lecture communautaire de l'Écriture et d'un travail personnel. ■

***Emmanuelle Billoteau**, ermite*

VENDREDI 10 JANVIER 2025

TEMPS DE NOËL COULEUR LITURGIQUE : BLANC

Férie du temps de Noël après l'Épiphanie

Antienne d'ouverture

**Lumière des cœurs droits, il s'est levé dans les ténèbres,
le Seigneur de justice, de tendresse et de pitié.** (cf. Ps 111, 4)

Prière

Dieu tout-puissant, tu as manifesté par une étoile qu'un Sauveur était né pour le monde ; nous t'en prions : que la lumière de cette naissance se révèle à nos esprits et grandisse toujours dans nos cœurs. Par Jésus… — ***Amen.***

Lecture

de la première lettre de saint Jean (5, 5-13)

« L'Esprit, l'eau et le sang »

Bien-aimés, qui donc est vainqueur du monde ? N'est-ce pas celui qui croit que Jésus est le Fils de Dieu ? C'est lui, Jésus Christ, qui est venu par l'eau et par le sang : non pas seulement avec l'eau, mais avec l'eau et avec le sang. Et celui qui rend témoignage, c'est l'Esprit, car l'Esprit est la vérité. En effet, ils sont trois qui rendent témoignage, l'Esprit, l'eau et le sang, et les trois n'en font qu'un.
Nous acceptons bien le témoignage des hommes ; or, le témoignage de Dieu a plus de valeur, puisque le témoignage de Dieu, c'est celui qu'il rend à son Fils. Celui qui met sa foi

dans le Fils de Dieu possède en lui-même ce témoignage. Celui qui ne croit pas Dieu, celui-là fait de Dieu un menteur, puisqu'il n'a pas mis sa foi dans le témoignage que Dieu rend à son Fils.
Et ce témoignage, le voici : Dieu nous a donné la vie éternelle, et cette vie est dans son Fils. Celui qui a le Fils possède la vie ; celui qui n'a pas le Fils de Dieu ne possède pas la vie. Je vous ai écrit cela pour que vous sachiez que vous avez la vie éternelle, vous qui mettez votre foi dans le nom du Fils de Dieu.
– Parole du Seigneur.

Psaume 147 (147B)

℟ ***Glorifie le Seigneur, Jérusalem ! Célèbre ton Dieu, ô Sion !***
OU ***Alléluia !***

Glorifie le Seigneur, Jérusalem !
Célèbre ton Dieu, ô Sion !
Il a consolidé les barres de tes portes,
dans tes murs il a béni tes enfants. ℟

Il fait régner la paix à tes frontières,
et d'un pain de froment te rassasie.
Il envoie sa parole sur la terre :
rapide, son verbe la parcourt. ℟

Il révèle sa parole à Jacob,
ses volontés et ses lois à Israël.
Pas un peuple qu'il ait ainsi traité ;
nul autre n'a connu ses volontés. ℟

Acclamation de l'Évangile

Alléluia. Alléluia. Jésus proclamait l'Évangile du Royaume, et guérissait toute maladie dans le peuple. ***Alléluia.***

Évangile de Jésus Christ
selon saint Luc (5, 12-16)

« À l'instant même, la lèpre le quitta »

Jésus était dans une ville quand survint un homme couvert de lèpre ; voyant Jésus, il tomba face contre terre et le supplia : « Seigneur, si tu le veux, tu peux me purifier. » Jésus étendit la main et le toucha en disant : « Je le veux, sois purifié. » À l'instant même, la lèpre le quitta. Alors Jésus lui ordonna de ne le dire à personne : « Va plutôt te montrer au prêtre et donne pour ta purification ce que Moïse a prescrit ; ce sera pour tous un témoignage. »
De plus en plus, on parlait de Jésus. De grandes foules accouraient pour l'entendre et se faire guérir de leurs maladies. Mais lui se retirait dans les endroits déserts, et il priait.

Prière sur les offrandes
Reçois favorablement, Seigneur, les dons présentés par ton peuple : que tous obtiennent par tes sacrements ce qu'ils proclament dans la ferveur de la foi. Par le Christ, notre Seigneur. — ***Amen.***

Préface de l'Épiphanie, p. 230, ou de la Nativité, p. 228.

Antienne de la communion
Voici comment l'amour de Dieu
s'est manifesté parmi nous :
Dieu a envoyé son Fils unique
dans le monde pour que nous vivions par lui. (1 Jn 4, 9)

Prière après la communion
Seigneur Dieu, toi qui viens jusqu'à nous quand nous participons à ce sacrement, produis en nos cœurs les fruits de ce mystère, pour que tes propres dons nous préparent à recevoir ce que tu nous donnes. Par le Christ, notre Seigneur. ***— Amen.***

INVITATION

Le Seigneur nous a donné sa paix. Avec qui puis-je me réconcilier ?

COMMENTAIRE

Un discours spirituel

1 Jean 5, 5-13

L'auteur de la première lettre de Jean précise la finalité de son message : « Que vous sachiez que vous avez la vie éternelle. » Voilà qui peut nous aider à discerner la qualité de nos discours à l'égard des autres. Est-ce pour leur faire connaître cette Bonne Nouvelle ? Est-ce pour leur « donner des leçons » ? Est-ce pour leur partager la joie qui nous fait vivre ? Rappelons-nous que « celui qui rend témoignage, c'est l'Esprit » et qu'il peut réaliser bien au-delà de ce que nous pouvons espérer ou concevoir. ■

***Emmanuelle Billoteau**, ermite*

SAMEDI 11 JANVIER 2025

TEMPS DE NOËL COULEUR LITURGIQUE : BLANC

Férie du temps de Noël après l'Épiphanie

Antienne d'ouverture

Dieu a envoyé son Fils, né d'une femme,
pour que nous soyons adoptés comme fils. (Ga 4, 4-5)

Prière

Dieu éternel et tout-puissant, tu as voulu que, par ton Fils unique, nous devenions pour toi une création nouvelle ; nous t'en prions : fais que, par ta grâce, nous soyons configurés à celui en qui notre nature est unie à la tienne. Lui qui…
— Amen.

Lecture

de la première lettre de saint Jean (5, 14-21)

« Il nous écoute en toutes nos demandes »

Bien-aimés, voici l'assurance que nous avons auprès de Dieu : si nous faisons une demande selon sa volonté, il nous écoute. Et, puisque nous savons qu'il nous écoute en toutes nos demandes, nous savons aussi que nous obtenons ce que nous lui avons demandé. Si quelqu'un voit son frère commettre un péché qui n'entraîne pas la mort, il demandera, et Dieu lui donnera la vie, – cela vaut pour ceux dont le péché n'entraîne pas la mort. Il y a un péché qui entraîne la mort, ce n'est pas pour

celui-là que je dis de prier. Toute conduite injuste est péché, mais tout péché n'entraîne pas la mort.
Nous le savons : ceux qui sont nés de Dieu ne commettent pas de péché ; le Fils engendré par Dieu les protège et le Mauvais ne peut pas les atteindre. Nous savons que nous sommes de Dieu, alors que le monde entier est au pouvoir du Mauvais. Nous savons aussi que le Fils de Dieu est venu nous donner l'intelligence pour que nous connaissions Celui qui est vrai ; et nous sommes en Celui qui est vrai, en son Fils Jésus Christ. C'est lui qui est le Dieu vrai, et la vie éternelle. Petits enfants, gardez-vous des idoles.
– Parole du Seigneur.

Psaume 149

℟ ***Le Seigneur aime son peuple !***
OU ***Alléluia !***

Chantez au Seigneur un chant nouveau,
louez-le dans l'assemblée de ses fidèles !
En Israël, joie pour son créateur ;
dans Sion, allégresse pour son Roi ! ℟

Dansez à la louange de son nom,
jouez pour lui, tambourins et cithares !
Car le Seigneur aime son peuple,
il donne aux humbles l'éclat de la victoire. ℟

Que les fidèles exultent, glorieux,
criant leur joie à l'heure du triomphe.
Qu'ils proclament les éloges de Dieu :
c'est la fierté de ses fidèles. ℟

Acclamation de l'Évangile

Alléluia. Alléluia. Le peuple qui habitait dans les ténèbres a vu une grande lumière. Sur ceux qui habitaient le pays et l'ombre de la mort, une lumière s'est levée. ***Alléluia.***

Évangile de Jésus Christ

selon saint Jean (3, 22-30)

« L'ami de l'époux est tout joyeux d'entendre la voix de l'époux »

En ce temps-là, Jésus se rendit en Judée, ainsi que ses disciples ; il y séjourna avec eux, et il baptisait*. Jean, quant à lui, baptisait à Aïnone, près de Salim, où l'eau était abondante. On venait là pour se faire baptiser. En effet, Jean n'avait pas encore été mis en prison.

Or, il y eut une discussion entre les disciples de Jean et un Juif au sujet des bains de purification. Ils allèrent trouver Jean et lui dirent : « Rabbi, celui qui était avec toi de l'autre côté du Jourdain, celui à qui tu as rendu témoignage, le voilà qui baptise, et tous vont à lui ! » Jean répondit : « Un homme ne peut rien s'attribuer, sinon ce qui lui est donné du Ciel. Vous-mêmes pouvez témoigner que j'ai dit : Moi, je ne suis pas le Christ, mais j'ai été envoyé devant lui. Celui à qui l'épouse appartient, c'est l'époux ; quant à l'ami de l'époux, il se tient là, il entend la voix de l'époux, et il en est tout joyeux. Telle est ma joie : elle est parfaite. Lui, il faut qu'il grandisse ; et moi, que je diminue. »

Prière sur les offrandes

Seigneur Dieu, source de la piété véritable et de la paix, nous t'en prions, accorde-nous d'honorer dignement ta gloire par cette offrande; que, dans la participation fidèle aux saints mystères, nous prenions davantage conscience de notre unité. Par le Christ, notre Seigneur. **— *Amen.***

Préface de l'Épiphanie, p. 230, ou de la Nativité, p. 228.

Antienne de la communion

Tous, nous avons eu part
à la plénitude du Christ,
et reçu grâce après grâce.
(cf. Jn 1, 16)

Prière après la communion

Ton peuple, Seigneur, a besoin de multiples secours pour sa traversée d'ici-bas; que ta tendresse lui accorde ceux de la vie présente comme ceux de la vie future : trouvant alors le réconfort nécessaire dans les choses qui passent, il recherchera les biens éternels avec plus de confiance. Par le Christ, notre Seigneur. **— *Amen.***

INVITATION

C'est la Journée mondiale du merci !
L'occasion d'adresser à Dieu un merci particulier.

COMMENTAIRE

Revisiter la prière 1 Jean 5, 14-21

La première lecture nous invite à examiner notre pratique de la prière : « Si nous faisons une demande selon sa volonté, Dieu nous écoute. » Ce qui nous incite implicitement à revisiter la prière donnée par Jésus, le Notre Père, dont les demandes ne peuvent être qu'en accord avec la volonté de Dieu. Ce qui ne doit pas nous inhiber pour autant dans notre dialogue avec lui. Jésus lui-même a demandé que la « coupe s'éloigne de lui » avant de se reprendre : Père, « non pas ma volonté, mais la tienne » (cf. Mt 26, 39). ■

Emmanuelle Billoteau, ermite

✻ CLÉ DE LECTURE

« Et il baptisait » Jean 3, 22 *(p. 76)*

Selon les quatre évangiles, Jésus s'est d'abord manifesté comme disciple de Jean le Baptiseur, ce fils de prêtre devenu prophète, qui, retiré au désert, invitait à la conversion en pratiquant un bain d'eau (baptême) dans le Jourdain. L'évangile de Jean précise que Jésus lui aussi, baptisait, puis il se sépara du Baptiste et cessa de baptiser dans l'eau pour annoncer la Bonne Nouvelle de l'amour infini de Dieu pour tous. Jésus, vivant dans l'intimité du Père, devait « baptiser dans l'Esprit Saint » : il se fait le passeur de l'amour et de la vie de Dieu pour tous les humains en leur donnant son Esprit. Le baptême n'est pas d'abord un bain d'eau qui effacerait le péché, mais un don de l'Esprit qui appelle chacun à une joie qu'il ne soupçonnait pas. ■

Roselyne Dupont-Roc, bibliste

DIMANCHE 12 JANVIER 2025

BAPTÊME DU SEIGNEUR

ANNÉE C – COULEUR LITURGIQUE : BLANC

© Catherine Chion

« Toi, tu es mon Fils bien-aimé ;
en toi, je trouve ma joie. » Luc 3, 22

« En toi, je trouve ma joie. » Dieu continue de se manifester aux hommes. À Noël, Jésus nous a été révélé comme le nouveau-né. Le dimanche de l'Épiphanie, il s'est révélé comme lumière des nations. Aujourd'hui, il se manifeste comme rempli de l'Esprit Saint et comme Fils bien-aimé du Père. En ce dimanche, accueillons le Christ qui se rend présent en nos cœurs.

RITES INITIAUX

Chant d'entrée *(Suggestions p. 252)*
OU
Antienne d'ouverture
Dès que Jésus fut baptisé, les cieux s'ouvrirent :
l'Esprit, comme une colombe, reposa sur lui.
Et la voix du Père retentit :
« Celui-ci est mon Fils bien-aimé en qui je trouve ma joie. »
(cf. Mt 3, 16-17)

Suggestion de préparation pénitentielle *(ou p. 222)*
Avec saint Paul qui nous invite à renoncer au péché, accueillons la miséricorde du Seigneur. Demandons pardon pour tous nos péchés.

Seigneur Jésus, tu t'es donné à nous pour nous sauver, Kyrie, eleison. — ***Kyrie, eleison.***

Ô Christ, tu t'es donné pour nous purifier, Christe, eleison. — ***Christe, eleison.***

Seigneur, tu t'es donné pour faire de nous ton peuple, Kyrie, eleison. — ***Kyrie, eleison.***

Que Dieu tout-puissant nous fasse miséricorde ; qu'il nous pardonne nos péchés et nous conduise à la vie éternelle. — ***Amen.***

Gloire à Dieu *(p. 224)*

Prière

Dieu éternel et tout-puissant, quand le Christ fut baptisé dans le Jourdain, et que l'Esprit Saint descendit sur lui, tu l'as manifesté solennellement comme ton Fils bien-aimé ; accorde à tes enfants d'adoption, qui ont reçu la nouvelle naissance de l'eau et de l'Esprit, d'être toujours fidèles à ce qui te plaît. Par Jésus… ***— Amen.***

OU

Seigneur Dieu, c'est dans la réalité de notre chair que ton Fils unique est apparu ; puisqu'à son aspect extérieur, nous l'avons reconnu semblable à nous, fais que par lui nous soyons intérieurement transformés. Lui qui… ***— Amen.***

LITURGIE DE LA PAROLE

Lecture du livre du prophète Isaïe (40, 1-5.9-11)

« La gloire du Seigneur se révélera, et tout être de chair verra »

Consolez, consolez mon peuple, – dit votre Dieu – parlez au cœur de Jérusalem. Proclamez que son service est accompli, que son crime est expié, qu'elle a reçu de la main du Seigneur le double pour toutes ses fautes. Une voix proclame : « Dans le désert, préparez le chemin du Seigneur ; tracez droit, dans les terres arides, une route pour notre Dieu. Que tout ravin soit comblé, toute montagne et toute colline abaissées ! que les escarpements se changent en plaine, et les sommets, en large vallée ! Alors se révélera la gloire

du Seigneur, et tout être de chair verra que la bouche du Seigneur a parlé. » Monte sur une haute montagne, toi qui portes la bonne nouvelle à Sion. Élève la voix avec force, toi qui portes la bonne nouvelle à Jérusalem. Élève la voix, ne crains pas. Dis aux villes de Juda : « Voici votre Dieu ! » Voici le Seigneur Dieu ! Il vient avec puissance ; son bras lui soumet tout. Voici le fruit de son travail avec lui, et devant lui, son ouvrage. Comme un berger, il fait paître son troupeau : son bras rassemble les agneaux, il les porte sur son cœur, il mène les brebis qui allaitent. – Parole du Seigneur.

Psaume 103 (104)

℟ ***Bénis le Seigneur, ô mon âme ; Seigneur mon Dieu, tu es si grand !***

T. : AELF ; M. : M. Wackenheim ; Éd. : ADF.

Revêtu de magnificence,
tu as pour manteau la lumière !
Comme une tenture, tu déploies les cieux,
tu élèves dans leurs eaux tes demeures. ℟

Des nuées, tu te fais un char,
tu t'avances sur les ailes du vent ;
tu prends les vents pour messagers,
pour serviteurs, les flammes des éclairs. ℟

Retrouvez
ce psaume sur le CD
"Les psaumes
de l'année C"

Quelle profusion dans tes œuvres, Seigneur !
Tout cela, ta sagesse l'a fait ; la terre s'emplit de tes biens.
Voici l'immensité de la mer,
son grouillement innombrable d'animaux grands et petits. ℟

Tous, ils comptent sur toi
pour recevoir leur nourriture au temps voulu.
Tu donnes : eux, ils ramassent ;
tu ouvres la main : ils sont comblés. ℟

Tu caches ton visage : ils s'épouvantent ;
tu reprends leur souffle, ils expirent et retournent à leur poussière.
Tu envoies ton souffle : ils sont créés ;
tu renouvelles la face de la terre. ℟

Lecture de la lettre de saint Paul apôtre à Tite (2, 11-14 ; 3, 4-7)

« Par le bain du baptême, Dieu nous a fait renaître et nous a renouvelés dans l'Esprit Saint »

Bien-aimé, la grâce de Dieu s'est manifestée pour le salut de tous les hommes. Elle nous apprend à renoncer à l'impiété et aux convoitises de ce monde, et à vivre dans le temps présent de manière raisonnable, avec justice et piété, attendant que se réalise la bienheureuse espérance : la manifestation de la gloire de notre grand Dieu et Sauveur, Jésus Christ. Car il s'est donné pour nous afin de nous racheter de toutes nos fautes, et de nous purifier pour faire de nous son peuple, un peuple ardent à faire le bien.

Lorsque Dieu, notre Sauveur, a manifesté sa bonté et son amour pour les hommes, il nous a sauvés, non pas à cause de la justice de nos propres actes, mais par sa miséricorde. Par le bain du baptême, il nous a fait renaître et nous a renouvelés dans l'Esprit Saint. Cet Esprit, Dieu l'a répandu sur nous en abondance, par Jésus Christ notre Sauveur, afin que, rendus justes par sa grâce, nous devenions en espérance héritiers de la vie éternelle.

– Parole du Seigneur.

Acclamation de l'Évangile

Alléluia. Alléluia. Voici venir un plus fort que moi, proclame Jean Baptiste ; c'est lui qui vous baptisera dans l'Esprit Saint et le feu. ***Alléluia.***

U13-79; T. : C. Bernard; M. : J. Berthier; Psalmodie : M. Wackenheim; Bayard Liturgie.

Évangile de Jésus Christ selon saint Luc (3, 15-16.21-22)

« Comme Jésus priait, après avoir été baptisé, le ciel s'ouvrit »

En ce temps-là, le peuple venu auprès de Jean le Baptiste était en attente, et tous se demandaient en eux-mêmes si Jean n'était pas le Christ. Jean s'adressa alors à tous : « Moi, je vous baptise avec de l'eau ; mais il vient, celui qui est plus fort que moi. Je ne suis pas digne de dénouer la courroie de ses sandales. Lui vous baptisera dans l'Esprit Saint et le feu. » Comme tout le peuple se faisait baptiser et qu'après avoir été baptisé lui aussi, Jésus priait, le ciel s'ouvrit. L'Esprit Saint, sous une apparence corporelle, comme une colombe, descendit sur Jésus, et il y eut une voix venant du ciel : « Toi, tu es mon Fils bien-aimé ; en toi, je trouve ma joie. »

Homélie

Profession de foi (p. 225)

Suggestion de prière universelle

Le prêtre : Baptisés dans le Christ, présentons avec confiance nos prières au Fils bien-aimé du Père.

℟ ***Jésus, Sauveur du monde, écoute et prends pitié.***

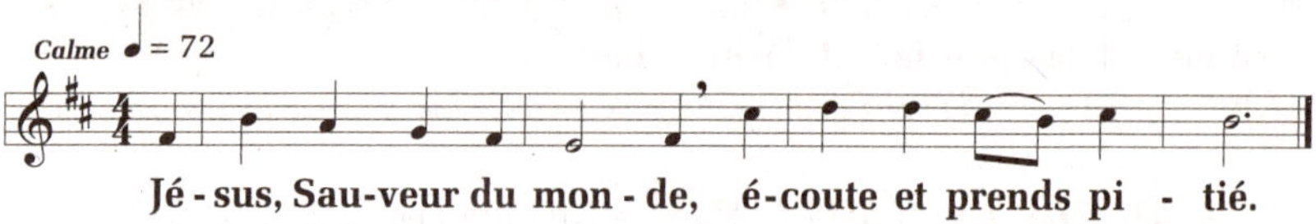

À 180, Éd. Pierre Lethielleux; T. : J.-P. Lécot; M. : choral allemand (1601).

Le diacre ou un lecteur :

Seigneur Jésus, nous te prions pour les enfants et les adultes qui seront baptisés cette année. Qu'ils grandissent dans la connaissance de la Bonne Nouvelle. ℟

Seigneur Jésus, nous te prions pour les baptisés de toutes les confessions chrétiennes. Qu'ils progressent vers l'unité que tu désires. ℟

Seigneur Jésus, nous te prions pour les responsables politiques de notre pays. Qu'ils se conduisent de manière raisonnable en vue du bien de tous. ℟

Seigneur Jésus, nous te prions pour ceux qui s'engagent dans le respect de la Création. Qu'ils travaillent avec joie à la sauvegarde de notre maison commune. ℟

(Ces intentions seront adaptées ou modifiées selon les circonstances. On peut aussi s'inspirer de l'intention universelle du Saint-Père, p. 6.)

Le prêtre :

Seigneur Jésus, homme au milieu des hommes, Fils bien-aimé du Père, nous te prions avec confiance. Exauce nos prières, toi qui vis et règnes pour les siècles des siècles. ***— Amen.***

LITURGIE EUCHARISTIQUE

Prière sur les offrandes

Accueille, Seigneur, les offrandes que nous te présentons en ce jour où nous est révélé ton Fils bien-aimé : que les dons de tes fidèles deviennent ainsi le sacrifice de celui qui, dans sa miséricorde, a voulu laver le monde de ses péchés : Jésus, le Christ. Lui qui… ***— Amen.***

Prière eucharistique *(Préface du Baptême du Seigneur)*

Vraiment, il est juste et bon, pour ta gloire et notre salut, de t'offrir notre action de grâce, toujours et en tout lieu, Seigneur, Père très saint, Dieu éternel et tout-puissant. Dans les eaux du Jourdain, tu as préfiguré par d'admirables mystères le baptême nouveau. Une voix venue du ciel atteste que ton Verbe habite parmi les hommes. Par l'Esprit descendu sous l'aspect d'une colombe, le Christ, ton Serviteur, reçoit l'onction d'allégresse : il est reconnu comme le messager de la Bonne Nouvelle aux pauvres. C'est pourquoi, avec les puissances des cieux, nous pouvons te bénir sur la terre et t'adorer sans fin en proclamant : ***Saint ! Saint ! Saint…***

Chant de communion *(Suggestions p. 252)*

OU

Antienne de la communion

Voici celui dont Jean Baptiste disait :
« Moi, j'ai vu et je rends témoignage :
c'est lui le Fils de Dieu. » (cf. Jn 1, 32.34)

Prière après la communion

Rassasiés par ce don sacré, nous implorons ta bonté, Seigneur ; accorde-nous d'écouter fidèlement ton Fils unique, afin de pouvoir être appelés tes fils, et de l'être vraiment. Par le Christ, notre Seigneur.
— Amen.

RITE DE CONCLUSION

Bénédiction

Envoi

COMMENTAIRE DU DIMANCHE

Benoît Gschwind, évêque de Pamiers

Passage de relais

Comment ne pas profiter de la fête du baptême de Jésus pour nous laisser interpeller au sujet de notre propre baptême ? Par le baptême, nous avons été plongés dans la mort avec le Christ pour naître à une vie nouvelle ! Quelque chose de nouveau a commencé en notre vie le jour où nous avons été baptisés.

Sur les rives du Jourdain, Jean Baptiste annonçait un baptême de conversion pour que le peuple soit prêt à accueillir le Messie, celui qui baptiserait dans l'Esprit Saint et le feu. Un temps nouveau commence. Pour Jésus, la vie paisible à Nazareth se termine pour laisser place à celle de la mission. Jésus est baptisé par Jean de la même manière que le peuple dont il fait partie. Il se vit une sorte de passage de relais. Jean et Jésus accomplissent ce qui leur a été demandé. Jésus est baptisé, et commence pour lui •••

••• un temps nouveau qui plonge ses racines dans la prière. L'évangile d'aujourd'hui prend soin de nous rappeler cet enracinement dans la prière, dans ce dialogue avec son Père, que Jésus ne cessera d'entretenir tout au long de sa vie, jusqu'au sommet de la Croix. C'est dans la prière que Jésus accueille l'Esprit Saint. C'est dans la prière que Jésus accueille sa mission. C'est dans la prière qu'il comprend la voix du Père : « Tu es mon Fils bien-aimé ! » C'est dans la prière, que nous aussi, nous sommes invités à discerner, à écouter la voix du Père, à répondre aux appels de notre baptême et à prendre le chemin des disciples missionnaires.

~

Qu'est-ce que cela change dans ma vie d'être baptisé ?
D'ailleurs, est-ce que je me souviens de la date
de mon baptême ?

La prière m'aide-t-elle à vivre en baptisé
et à grandir dans l'amour de Dieu ?

Suis-je prêt à être disciple missionnaire,
à être témoin de l'amour de Dieu autour de moi ? ■

Prions en Église Junior

LIRE L'ÉVANGILE AVEC LES ENFANTS

CE QUE JE DÉCOUVRE

Jean s'appelle « le Baptiste » parce qu'il propose aux gens **un baptême dans les eaux du Jourdain pour purifier leur cœur et commencer une vie nouvelle.** Lui aussi, Jésus demande et reçoit le baptême. Mais comme il est le Fils de Dieu, des signes viennent du ciel pour montrer à tous que Jésus n'est pas comme tout le monde. **La colombe est le signe du Saint-Esprit et la voix témoigne de la présence de Dieu le Père,** qui désigne Jésus comme son Fils bien-aimé.

CE QUE JE VIS

Qu'est-ce qui t'aide à grandir ?
Et à grandir dans la foi ?
Qui préfères-tu prier ? le Père ? Jésus ? l'Esprit Saint ?
Parles-tu à Dieu comme à un père ?
Ferme les yeux et dis le Notre Père de tout ton cœur d'enfant de Dieu.

Texte : Patricia Metzger. Illustrations : Marcelino Truong

12 - 18

MÉDITATION BIBLIQUE
BAPTÊME DU SEIGNEUR
Livre d'Isaïe 40, 1-5.9-11

Annoncer dans le désert ?

Le désert est le lieu idéal pour croire car il n'y a rien d'autre sur lequel s'appuyer.

Le temps de la préparation

« Même si les montagnes s'écartaient, si les collines s'ébranlaient, ma fidélité ne s'écarterait pas de toi, mon alliance de paix ne serait pas ébranlée, – dit le Seigneur. » (Is 54, 10)

Le temps de l'observation

Arrive un moment, dit Dieu, où la peine doit cesser, où le chagrin doit arriver à son terme. Il est un temps où la miséricorde l'emporte sur toutes les formes de colère ou de rancœur. Ce temps ne doit pas être passé sous silence. Il s'agit de l'annoncer et de l'attendre. C'est ce que Dieu demande au prophète. Crier à haute voix, c'est-à-dire parler à voix haute, sans peur d'aller à contre-courant ou d'être démenti par les événements. La dimension de miséricorde va s'imposer et Dieu va reprendre la main. Comment cela se manifeste-t-il ? Dieu prend dans ses bras le monde pour le gouverner avec douceur. Cela permet aux brebis les plus fragiles de rester dans le troupeau. Pas de brutalité, pas de mise en danger. Le prophète est donc en charge d'une parole impossible, inaudible. Il s'agit bien d'annoncer dans le désert, donc sans soutien ni indice visible, que ce monde va devenir plus doux.

Le temps de la méditation

À entendre le prophète annoncer la paix, qui peut croire qu'il dit vrai ? La Bible décrit pourtant que l'annonce doit se faire avant l'événement. C'est connu, la foi commence dans le désert. Elle ne consiste pas à décrire des évidences qui s'imposent aux yeux de tous. La foi consiste précisément à risquer une parole qui n'a rien d'évidente. Il est fou de dire que le chagrin va cesser, il est inconcevable d'annoncer la venue de Dieu et il est extravagant d'affirmer que sa puissance est dans sa douceur. Ce courage d'y croire malgré tout est comparable au fait d'abaisser les montagnes et de combler les ravins. Découvrir la puissance de Dieu en Jésus n'est pas non plus chose aisée. Il ne faut donc pas se fier aux seules apparences pour lire les signes de Dieu dans ce monde. Mais si, autour de nous, des originaux mettent leur effort à inventer un monde plus doux, mieux vaudrait leur accorder toute notre attention.

Le temps de la prière

« Tu caches ton visage :
ils s'épouvantent ; tu reprends
leur souffle, ils expirent
et retournent à leur poussière.
Tu envoies ton souffle : ils sont
créés ; tu renouvelles la face
de la terre. » (Ps 103, 29-30) ■

Marie-Laure Durand, bibliste

DES IMAGES POUR LA FOI

BAPTÊME DU SEIGNEUR

L'Esprit sur les eaux

Dans la tradition des images byzantines, le baptême du Christ est une manifestation de Dieu essentielle où le mystère du salut est annoncé.

Une faille s'ouvre entre deux plaques rocheuses. Cet espace où coule le Jourdain (incarné par un petit personnage avec son amphore) est comme une porte vers les abysses de la terre, vers les profondeurs de l'humanité. Par l'Esprit Saint, le Fils établit un trait d'union entre ces mondes obscurs et les cieux, demeure du Père, qui s'ouvrent en ce Jour. C'est une nouvelle Création et, comme dans la Genèse, la colombe de l'Esprit plane au-dessus des eaux (cf. Gn 1, 2). Pour que l'homme retrouve son image originelle, Jésus, nouvel Adam, est entré nu dans l'eau. De sa main droite, il bénit les eaux qui réagissent à sa présence : elles s'animent, mais leur bouillonnement évoque déjà les liens de la mort par lesquels il est appelé à passer. Jean Baptiste se tient sur l'une des rives. Pour préparer la venue du Messie, il a invité chacun à porter du fruit, comme la hache et l'arbre vert derrière lui nous le rappellent (cf. Mt 3, 10). Sur l'autre rive, les anges s'inclinent avec respect. Jean Baptiste, en serviteur, fait un geste dont il ne mesure pas toute l'importance : celui de l'imposition des mains par lequel le don de l'Esprit est signifié à tout baptisé. ■

Dominique Pierre

Le Baptême du Christ (XIVe siècle),
vestibule du baptistère de la basilique Saint-Marc, Venise (Italie).

LUNDI 13 JANVIER 2025

1re SEMAINE DU TEMPS ORDINAIRE COULEUR LITURGIQUE : VERT

Temps ordinaire, *suggestion d'oraisons et d'antiennes n° 1*
ou **saint Hilaire de Poitiers,** *voir p. 100*

Antienne d'ouverture

J'ai vu un homme qui siégeait sur un trône élevé ;
la multitude des anges l'adore en chantant d'une seule voix :
« Voici celui dont l'empire a un nom éternel. »

Prière

Aux appels de ton peuple en prière, réponds, Seigneur, en ta tendresse : donne à chacun la claire vision de ce qu'il doit faire et la force de l'accomplir. Par Jésus…
— Amen.

Lecture

de la lettre aux Hébreux (1, 1-6)

« Dieu nous a parlé par son Fils »

À bien des reprises et de bien des manières, Dieu, dans le passé, a parlé à nos pères par les prophètes ; mais à la fin, en ces jours où nous sommes, il nous a parlé par son Fils qu'il a établi héritier de toutes choses et par qui il a créé les mondes. Rayonnement de la gloire de Dieu, expression parfaite de son être, le Fils, qui porte l'univers par sa parole puissante, après avoir accompli la purification des péchés, s'est assis à la droite de la Majesté divine dans les hauteurs des cieux ; et il est devenu

bien supérieur aux anges, dans la mesure même où il a reçu en héritage un nom si différent du leur. En effet, Dieu déclara-t-il jamais à un ange : Tu es mon Fils, moi, aujourd'hui, je t'ai engendré ? Ou bien encore : Moi, je serai pour lui un père, et lui sera pour moi un fils ? À l'inverse, au moment d'introduire le Premier-né dans le monde à venir, il dit : Que se prosternent devant lui tous les anges de Dieu. – Parole du Seigneur.

Psaume 96 (97)

℟ ***Anges du Seigneur, adorez le Seigneur.***

Le Seigneur est roi ! Exulte la terre !
Joie pour les îles sans nombre !
Ténèbre et nuée l'entourent,
justice et droit sont l'appui de son trône. ℟

Les cieux ont proclamé sa justice,
et tous les peuples ont vu sa gloire.
Honte aux serviteurs d'idoles
qui se vantent de vanités !
À genoux devant lui, tous les dieux ! ℟

Les villes de Juda exultent
devant tes jugements, Seigneur !
Tu es, Seigneur, le Très-Haut
sur toute la terre :
tu domines de haut tous les dieux. ℟

Acclamation de l'Évangile

Alléluia. Alléluia. Le règne de Dieu est tout proche. Convertissez-vous et croyez à l'Évangile. ***Alléluia.***

Évangile de Jésus Christ

selon saint Marc (1, 14-20)

« Convertissez-vous et croyez à l'Évangile »

Après l'arrestation de Jean, Jésus partit pour la Galilée proclamer l'Évangile de Dieu ; il disait : « Les temps sont accomplis : le règne de Dieu est tout proche. Convertissez-vous et croyez à l'Évangile. »
Passant le long de la mer de Galilée, Jésus vit Simon et André, le frère de Simon, en train de jeter les filets dans la mer, car c'étaient des pêcheurs. Il leur dit : « Venez à ma suite. Je vous ferai devenir pêcheurs d'hommes. » Aussitôt, laissant leurs filets, ils le suivirent. Jésus avança un peu et il vit Jacques, fils de Zébédée, et son frère Jean, qui étaient dans la barque et réparaient les filets. Aussitôt, Jésus les appela. Alors, laissant dans la barque leur père Zébédée avec ses ouvriers, ils partirent à sa suite.

Prière sur les offrandes

Que l'offrande de ton peuple te soit agréable, nous t'en prions, Seigneur : qu'elle le fasse grandir en sainteté, et lui obtienne ce qu'il demande avec ferveur. Par le Christ, notre Seigneur. ***— Amen.***

Antienne de la communion

Seigneur, en toi est la source
de vie ; par ta lumière,
nous voyons la lumière. (Ps 35, 10)
OU
Je suis venu pour qu'ils aient la vie,
la vie en abondance, dit le Seigneur.
(Jn 10, 10)

Prière après la communion

Dieu tout-puissant, nous t'en supplions : tu refais nos forces par tes sacrements, donne-nous aussi de pouvoir dignement te servir par une vie qui te plaise. Par le Christ, notre Seigneur.
— Amen.

INVITATION

C'est le début du temps ordinaire. Comment vais-je rendre cette journée « extra-ordinaire » ?

COMMENTAIRE

En mouvement Psaume 96 (97) ; Marc 1, 14-20

L'évangile fait le récit de la toute première prédication de Jésus : l'annonce de la proximité du Règne, la conversion à vivre, les gestes des premiers disciples qui répondent à son appel. Ces paroles s'adressent aussi aux lecteurs que nous sommes pour susciter le même accueil prompt. Le psaume nous introduit alors aux sentiments qui accompagnent ce mouvement : exultation et joie dans le Seigneur mais aussi honte de nos idolâtries. ■

***Nicolas Tarralle,** prêtre assomptionniste*

Saint Hilaire de Poitiers

Couleur liturgique : blanc

IVe siècle. Évêque de Poitiers, il fut l'un des principaux opposants à l'hérésie arienne qui niait la divinité du Christ. Docteur de l'Église depuis 1851.

Antienne d'ouverture

Je susciterai pour moi un prêtre fidèle
qui agira selon mon cœur et
mon esprit, dit le Seigneur. (cf. 1 S 2, 35)

Prière

Accorde-nous, Dieu tout-puissant, de mieux comprendre et de proclamer fidèlement la divinité de ton Fils, que le bienheureux évêque Hilaire défendit sans jamais faiblir. Par Jésus Christ… — ***Amen.***

Prière sur les offrandes

Accueille, Seigneur, les offrandes que ton peuple te présente en la fête de saint Hilaire : qu'elles nous obtiennent, comme nous en avons l'espérance, d'éprouver le secours de ta bonté. Par le Christ, notre Seigneur. — ***Amen.***

Antienne de la communion

Je suis venu
pour que les brebis
aient la vie,
la vie en abondance,
dit le Seigneur. (Jn 10, 10)

Prière après la communion

Après avoir communié au corps sacré et au sang précieux de ton Fils, nous te supplions, Seigneur notre Dieu : fais que, sûrs de la rédemption, nous possédions enfin ce que nous célébrons avec ferveur. Par le Christ, notre Seigneur.
— ***Amen.***

MARDI 14 JANVIER 2025

1RE SEMAINE DU TEMPS ORDINAIRE COULEUR LITURGIQUE : VERT

Temps ordinaire, *suggestion d'oraisons et d'antiennes n° 2*

Antienne d'ouverture

Toute la terre se prosterne devant toi, qu'elle chante pour toi, qu'elle chante un psaume pour ton nom, Dieu très-haut. (cf. Ps 65, 4)

Prière

Dieu éternel et tout-puissant, qui régis et le ciel et la terre, exauce, en ta bonté, les supplications de ton peuple et donne à notre temps la paix qui vient de toi. Par Jésus… — ***Amen.***

12 - 18

Lecture

de la lettre aux Hébreux (2, 5-12)

« Il convenait que Dieu mène à sa perfection, par des souffrances, celui qui est à l'origine du salut »

Ce n'est pas à des anges que Dieu a soumis le monde à venir, dont nous parlons. Un psaume l'atteste en disant : *Qu'est-ce que l'homme pour que tu penses à lui, le fils d'un homme, que tu en prennes souci ? Tu l'as abaissé un peu au-dessous des anges, tu l'as couronné de gloire et d'honneur ; tu as mis sous ses pieds toutes choses.*

Quand Dieu lui a tout soumis, il n'a rien exclu de cette soumission. Maintenant, nous ne voyons pas encore que tout lui soit soumis ; mais

Jésus, qui a été abaissé un peu au-dessous des anges, nous le voyons couronné de gloire et d'honneur à cause de sa Passion et de sa mort. Si donc il a fait l'expérience de la mort, c'est, par grâce de Dieu, au profit de tous. Celui pour qui et par qui tout existe voulait conduire une multitude de fils jusqu'à la gloire ; c'est pourquoi il convenait qu'il mène à sa perfection, par des souffrances, celui qui est à l'origine de leur salut. Car celui qui sanctifie, et ceux qui sont sanctifiés, doivent tous avoir même origine ; pour cette raison, Jésus n'a pas honte de les appeler ses frères, quand il dit : *Je proclamerai ton nom devant mes frères, je te chanterai en pleine assemblée.*

– Parole du Seigneur.

Psaume 8

℟ ***Tu établis ton Fils sur les œuvres de tes mains.***

Ô Seigneur, notre Dieu,
qu'il est grand ton nom par toute la terre !
Qu'est-ce que l'homme
pour que tu penses à lui,
le fils d'un homme,
que tu en prennes souci ? ℟

Tu l'as voulu un peu moindre qu'un dieu,
le couronnant de gloire et d'honneur ;
tu l'établis sur les œuvres de tes mains,
tu mets toute chose à ses pieds. ℟

Les troupeaux de bœufs et de brebis,
et même les bêtes sauvages,
les oiseaux du ciel et les poissons de la mer,
tout ce qui va son chemin dans les eaux. ℟

Acclamation de l'Évangile

Alléluia. Alléluia. Accueillez la parole de Dieu pour ce qu'elle est réellement : non pas une parole d'hommes, mais la parole de Dieu. ***Alléluia.***

Évangile de Jésus Christ

selon saint Marc (1, 21-28)

« Il enseignait en homme qui a autorité »

Jésus et ses disciples entrèrent à Capharnaüm. Aussitôt, le jour du sabbat, il se rendit à la synagogue, et là, il enseignait. On était frappé par son enseignement, car il enseignait en homme qui a autorité, et non pas comme les scribes. Or, il y avait dans leur synagogue un homme tourmenté par un esprit impur, qui se mit à crier : « Que nous veux-tu, Jésus de Nazareth ? Es-tu venu pour nous perdre ? Je sais qui tu es : tu es le Saint de Dieu. » Jésus l'interpella vivement : « Tais-toi ! Sors de cet homme. » L'esprit impur le fit entrer en convulsions, puis, poussant un grand cri, sortit de lui. Ils furent tous frappés de stupeur et se demandaient entre eux : « Qu'est-ce que cela veut dire ? Voilà un enseignement nouveau, donné avec autorité ! Il commande même aux esprits impurs, et ils lui obéissent. » Sa renommée se répandit aussitôt partout, dans toute la région de la Galilée.

Prière sur les offrandes

Accorde-nous, Seigneur, nous t'en prions, de participer dignement à ces mystères, car chaque fois qu'est célébré ce sacrifice en mémorial, c'est l'œuvre de notre rédemption qui s'accomplit. Par le Christ, notre Seigneur. — ***Amen.***

Antienne de la communion

Tu prépares la table pour moi ;
la coupe qui m'enivre,
comme elle est admirable ! (cf. Ps 22, 5)
OU
Nous avons reconnu l'amour
que Dieu a pour nous,
et nous y avons cru. (1 Jn 4, 16)

Prière après la communion

Répands en nous, Seigneur, ton Esprit de charité, afin d'unir dans un même amour ceux que tu as nourris du même pain du ciel. Par le Christ, notre Seigneur. — ***Amen.***

INVITATION

Je rends grâce pour l'enseignement du Christ reçu depuis mon baptême.

COMMENTAIRE

Esprit contre esprits

Marc 1, 21-28

Avons-nous jamais été habités par un esprit impur ? Difficile, en vérité, de répondre non. Sollicités pour un service que nous savions bon mais pénible, nous avons certainement un jour répondu : « Que me veux-tu ? » Mais l'Esprit du Christ a aussi pu interpeller la lassitude et la paresse : « Tais-toi ! » Nous avons su alors lui obéir, dans la fatigue et les cris intérieurs, jusqu'à la joie d'être libérés de nos tourments. ■

Nicolas Tarralle, *prêtre assomptionniste*

MERCREDI 15 JANVIER 2025

1RE SEMAINE DU TEMPS ORDINAIRE COULEUR LITURGIQUE : VERT

Temps ordinaire, *suggestion d'oraisons et d'antiennes n° 3*
ou **saint Remi,** *voir p. 109*

Antienne d'ouverture
Chantez au Seigneur un chant nouveau, chantez au Seigneur, terre entière. Devant lui, splendeur et majesté, dans son sanctuaire, puissance et beauté. (Ps 95, 1.6)

Prière
Dieu éternel et tout-puissant, dans ta bienveillance, dirige nos actions, afin qu'au nom de ton Fils bien-aimé, nous portions des fruits en abondance. Par Jésus…
— Amen.

12 - 18

Lecture

de la lettre aux Hébreux (2, 14-18)

« Il lui fallait se rendre en tout semblable à ses frères, pour devenir un grand prêtre miséricordieux »

Puisque les enfants des hommes ont en commun le sang et la chair, Jésus a partagé, lui aussi, pareille condition : ainsi, par sa mort, il a pu réduire à l'impuissance celui qui possédait le pouvoir de la mort, c'est-à-dire le diable, et il a rendu libres tous ceux qui, par crainte de la mort, passaient toute leur vie dans une situation d'esclaves. Car ceux qu'il prend en charge, ce ne sont pas les anges, c'est la descendance d'Abraham. Il lui fallait donc se rendre en tout semblable à ses frères, pour devenir un grand prêtre miséricordieux et digne de foi pour les relations avec Dieu, afin d'enlever les péchés du peuple. Et parce qu'il a souffert jusqu'au bout l'épreuve de sa Passion, il est capable de porter secours à ceux qui subissent une épreuve. – Parole du Seigneur.

Psaume 104 (105)

℟ ***Le Seigneur s'est toujours souvenu de son alliance.***
OU ***Alléluia !***

Rendez grâce au Seigneur, proclamez son nom,
annoncez parmi les peuples ses hauts faits ;
chantez et jouez pour lui,
redites sans fin ses merveilles. ℟

Glorifiez-vous de son nom très saint :
joie pour les cœurs qui cherchent Dieu !
Cherchez le Seigneur et sa puissance,
recherchez sans trêve sa face. ℟

Vous, la race d'Abraham son serviteur,
les fils de Jacob, qu'il a choisis.
Le Seigneur, c'est lui notre Dieu :
ses jugements font loi pour l'univers. ℟

Il s'est toujours souvenu de son alliance,
parole édictée pour mille générations :
promesse faite à Abraham,
garantie par serment à Isaac. ℟

Acclamation de l'Évangile

Alléluia. Alléluia. Mes brebis écoutent ma voix, dit le Seigneur ; moi, je les connais, et elles me suivent. ***Alléluia.***

Évangile de Jésus Christ

selon saint Marc (1, 29-39)

« Il guérit beaucoup de gens atteints de toutes sortes de maladies »

En ce temps-là, aussitôt sortis de la synagogue de Capharnaüm, Jésus et ses disciples allèrent, avec Jacques et Jean, dans la maison de Simon et d'André. Or, la belle-mère de Simon était au lit, elle avait de la fièvre. Aussitôt, on parla à Jésus de la malade. Jésus s'approcha, la saisit par la main et la fit lever. La fièvre la quitta, et elle les servait.

Le soir venu, après le coucher du soleil, on lui amenait tous ceux qui étaient atteints d'un mal ou possédés par des démons. La ville entière se pressait à la porte. Il guérit beaucoup de gens atteints de toutes sortes de maladies, et il expulsa beaucoup de démons ; il empêchait les démons de parler, parce qu'ils savaient, eux, qui il était.

Le lendemain, Jésus se leva, bien avant l'aube. Il sortit et se rendit dans un endroit désert, et là il priait. Simon et ceux qui étaient avec lui partirent à sa recherche. Ils le trouvent et lui disent : « Tout le monde te cherche. » Jésus leur dit : « Allons ailleurs, dans les villages voisins, afin que là aussi je proclame l'Évangile ; car c'est pour cela que je suis sorti. »

Et il parcourut toute la Galilée, proclamant l'Évangile dans leurs synagogues, et expulsant les démons.

Prière sur les offrandes

Accueille avec bienveillance nos présents, nous t'en prions, Seigneur : qu'ils soient sanctifiés et servent ainsi à notre salut. Par le Christ, notre Seigneur. — ***Amen.***

Antienne de la communion

Approchez du Seigneur : resplendissez de sa lumière, sans ombre ni trouble au visage. (cf. Ps 33, 6)

OU

Je suis la lumière du monde,
dit le Seigneur. Celui qui me suit
ne marchera pas dans les ténèbres :
il aura la lumière de la vie. (Jn 8, 12)

Prière après la communion

Nous t'en prions, Dieu tout-puissant; nous recevons de toi la grâce qui fait vivre : fais que nous trouvions toujours notre gloire dans ce que tu nous donnes. Par le Christ, notre Seigneur.
— *Amen.*

INVITATION

Il y a 30 ans, 5 millions de personnes étaient rassemblées pour la messe de clôture des Journées mondiales de la jeunesse, à Manille.
Je confie le peuple philippin dans ma prière.

COMMENTAIRE

La mort anéantie

Hébreux 2, 14-18

Notre crainte de la mort n'est pas illégitime et Jésus lui-même a aspiré à voir s'éloigner l'épreuve de sa Passion. Mais il n'en a pas été esclave, mettant sa volonté entre les mains du Père, dont la puissance de vie anéantit la mort. Tous les soirs à complies, moines et moniales prient pour ceux qui vont mourir dans la nuit : ils nous présentent dans la foi à celui qui accompagne chacun de l'agonie jusqu'à la résurrection. ■

Nicolas Tarralle, *prêtre assomptionniste*

Saint Remi

Couleur liturgique : blanc

V^e^-VIe siècles. Évêque de Reims pendant 70 ans ! Il est resté célèbre pour avoir baptisé le roi Clovis Ier, faisant ainsi entrer le peuple franc dans l'Église.

Antienne d'ouverture

Je m'occuperai de mes brebis,
je veillerai sur elles, dit le Seigneur,
je susciterai à leur tête un seul berger.
Moi, le Seigneur, je serai leur Dieu.
(cf. Ez 34, 11.23-24)

Prière

Seigneur Dieu, tu as voulu que l'œuvre apostolique de saint Remi et sa générosité à te servir fassent grandir ton Église ; accorde-nous, à son intercession, de garder la foi qu'il a transmise et de suivre ses exemples. Par Jésus Christ… **— *Amen.***

Prière sur les offrandes

En cette fête de saint Remi, Seigneur, nous t'en prions, regarde avec bonté les offrandes que nous déposons sur l'autel qui t'est consacré ; en nous procurant ton pardon, qu'elles servent à la gloire de ton nom. Par le Christ, notre Seigneur. **— *Amen.***

Antienne de la communion

Ce n'est pas vous qui m'avez choisi,
dit le Seigneur, c'est moi qui vous
ai choisis et établis, afin que vous
alliez, que vous portiez du fruit, et
que votre fruit demeure. (cf. Jn 15, 16)

Prière après la communion

Déjà rénovés par ces mystères très saints, nous te supplions humblement, Seigneur : puissions-nous, en prenant exemple sur saint Remi, professer ce qu'il a cru et pratiquer ce qu'il a enseigné. Par le Christ, notre Seigneur.
— *Amen.*

JEUDI 16 JANVIER 2025

1re SEMAINE DU TEMPS ORDINAIRE COULEUR LITURGIQUE : VERT

Temps ordinaire, *suggestion d'oraisons et d'antiennes n° 4*

Antienne d'ouverture

Sauve-nous, Seigneur notre Dieu ;
rassemble-nous du milieu des nations, que nous rendions grâce à ton saint nom, fiers de chanter ta louange ! (Ps 105, 47)

Prière

Accorde-nous, Seigneur notre Dieu, de pouvoir t'adorer de tout notre esprit, et d'avoir envers tous une vraie charité. Par Jésus… ***— Amen.***

Lecture

de la lettre aux Hébreux (3, 7-14)

« Encouragez-vous les uns les autres, aussi longtemps que retentit l'"aujourd'hui" »

Frères, comme le dit l'Esprit Saint dans un psaume : *Aujourd'hui, si vous entendez sa voix, n'endurcissez pas votre cœur comme au temps du défi, comme au jour de l'épreuve dans le désert, quand vos pères m'ont mis à l'épreuve et provoqué. Alors ils m'ont vu à l'œuvre pendant quarante ans ; oui, je me suis emporté contre cette génération, et j'ai dit : Toujours ils ont le cœur égaré, ils n'ont pas connu mes chemins. Dans ma colère, j'en ai fait le serment : On verra bien s'ils entreront dans mon repos !*

Frères, veillez à ce que personne d'entre vous n'ait un cœur mauvais que le manque de foi sépare du Dieu vivant. Au contraire, encouragez-vous les uns les autres jour après jour, aussi longtemps que retentit l'« aujourd'hui » de ce psaume, afin que personne parmi vous ne s'endurcisse en se laissant tromper par le péché. Car nous sommes devenus les compagnons du Christ, si du moins nous maintenons fermement, jusqu'à la fin, notre engagement premier.
– Parole du Seigneur.

Psaume 94 (95)

℟ ***Aujourd'hui, ne fermez pas votre cœur, mais écoutez la voix du Seigneur.***

Entrez, inclinez-vous, prosternez-vous,
adorons le Seigneur qui nous a faits.
Oui, il est notre Dieu ;
nous sommes le peuple qu'il conduit,
le troupeau guidé par sa main. ℟

Aujourd'hui écouterez-vous sa parole ?
« Ne fermez pas votre cœur comme au désert,
comme au jour de tentation et de défi,
où vos pères m'ont tenté et provoqué,
et pourtant ils avaient vu mon exploit. ℟

« Quarante ans leur génération m'a déçu,
et j'ai dit : Ce peuple a le cœur égaré,
il n'a pas connu mes chemins.
Dans ma colère, j'en ai fait le serment :
Jamais ils n'entreront dans mon repos. » ℟

Acclamation de l'Évangile

Alléluia. Alléluia. Jésus proclamait l'Évangile du Royaume et guérissait toute infirmité dans le peuple. ***Alléluia.***

Évangile de Jésus Christ

selon saint Marc (1, 40-45)

« La lèpre le quitta et il fut purifié »

En ce temps-là, un lépreux vint auprès de Jésus ; il le supplia et, tombant à ses genoux, lui dit : « Si tu le veux, tu peux me purifier. » Saisi de compassion, Jésus étendit la main, le toucha et lui dit : « Je le veux, sois purifié. » À l'instant même, la lèpre le quitta et il fut purifié. Avec fermeté, Jésus le renvoya aussitôt en lui disant : « Attention, ne dis rien à personne, mais va te montrer au prêtre, et donne pour ta purification ce que Moïse a prescrit dans la Loi : cela sera pour les gens un témoignage. »
Une fois parti, cet homme se mit à proclamer et à répandre la nouvelle, de sorte que Jésus ne pouvait plus entrer ouvertement dans une ville, mais restait à l'écart, dans des endroits déserts. De partout cependant on venait à lui.

Prière sur les offrandes

Pour te servir, Seigneur, nous déposons nos présents sur ton autel : accueille-les favorablement, pour qu'ils deviennent le sacrement de notre rédemption. Par le Christ, notre Seigneur. — ***Amen.***

Antienne de la communion

Sur ton serviteur,
que s'illumine ta face ;
sauve-moi dans
ta miséricorde. Seigneur,
garde-moi d'être humilié,
car je t'ai invoqué.
(cf. Ps 30, 17-18)

OU

Heureux les pauvres de cœur,
car le royaume des Cieux est à eux.
Heureux les doux, car ils recevront
la terre en héritage.
(Mt 5, 3.5)

Prière après la communion

Nous avons été fortifiés par le sacrement de notre rédemption, et nous t'en prions, Seigneur : que cette nourriture pour le salut éternel nous fasse progresser dans la foi véritable. Par le Christ, notre Seigneur. — ***Amen.***

INVITATION

Je pense à quelqu'un à qui je peux témoigner de la compassion aujourd'hui, par un SMS, un courriel, un coup de téléphone…

COMMENTAIRE

Courage !

Hébreux 3, 7-14 ; Psaume 94 (95)

La fermeture du cœur ne relève pas de la stricte intimité car elle entraîne beaucoup plus large que notre seule personne. Lecture et psaume font mémoire des errements de tout un peuple en exode et nous invitent à l'encouragement mutuel plutôt qu'à la tentation partagée. Il est si facile de se laisser tromper par le péché ! Lorsque le pape François fustige ainsi l'indifférence du monde, il renvoie l'Église à la parole de Dieu. ■

Nicolas Tarralle, *prêtre assomptionniste*

VENDREDI 17 JANVIER 2025

1RE SEMAINE DU TEMPS ORDINAIRE COULEUR LITURGIQUE : BLANC

Saint Antoine

IIIe-IVe siècles. Cet Égyptien vécut en ermite, dans le désert, avant de créer des communautés. Il est considéré comme le père de tous les moines.

Antienne d'ouverture

Le juste grandira comme un palmier,
il poussera comme un cèdre du Liban ; planté dans les parvis du Seigneur,
il grandira dans la maison de notre Dieu.

(cf. Ps 91, 13-14)

Prière

Seigneur Dieu, tu as donné au bienheureux abbé Antoine de te servir au désert par une admirable manière de vivre ; accorde-nous, à son intercession, de renoncer à nous-mêmes pour t'aimer sans cesse et plus que tout. Par Jésus… ***— Amen.***

Lecture

de la lettre aux Hébreux (4, 1-5.11)

« Empressons-nous d'entrer dans ce repos-là »

Frères, craignons, tant que demeure la promesse d'entrer dans le repos de Dieu, craignons que l'un d'entre vous n'arrive, en quelque sorte, trop tard. Certes, nous avons reçu une Bonne Nouvelle, comme ces gens-là ; cependant, la parole entendue ne leur servit à rien, parce qu'elle ne fut pas accueillie avec foi par ses auditeurs. Mais nous qui sommes venus à la foi, nous entrons dans le repos dont il est dit : *Dans ma colère, j'en ai fait le* *serment : On verra bien s'ils entreront dans mon repos* !* Le travail de Dieu, assurément, était accompli depuis la fondation du monde, comme l'Écriture le dit à propos du septième jour : *Et Dieu se reposa le septième jour de tout son travail.* Et dans le psaume, de nouveau : *On verra bien s'ils entreront dans mon repos !* Empressons-nous donc d'entrer dans ce repos-là, afin que plus personne ne tombe en suivant l'exemple de ceux qui ont refusé de croire.

– Parole du Seigneur.

Psaume 77 (78)

℟ ***N'oubliez pas les exploits du Seigneur !***

Nous avons entendu et nous savons
ce que nos pères nous ont raconté ;
les titres de gloire du Seigneur,
sa puissance et les merveilles qu'il a faites. ℟

Pour que l'âge suivant les connaisse,
et leur descendance à venir,
qu'ils n'oublient pas les exploits du Seigneur
mais observent ses commandements. ℟

Qu'ils ne soient pas, comme leurs pères,
une génération indocile et rebelle,
génération de cœurs inconstants
et d'esprits infidèles à Dieu. ℟

Acclamation de l'Évangile

Alléluia. Alléluia. Un grand prophète s'est levé parmi nous, et Dieu a visité son peuple. ***Alléluia.***

Évangile de Jésus Christ

selon saint Marc (2, 1-12)

« Le Fils de l'homme a autorité pour pardonner les péchés sur la terre »

Quelques jours après la guérison d'un lépreux, Jésus revint à Capharnaüm, et l'on apprit qu'il était à la maison. Tant de monde s'y rassembla qu'il n'y avait plus de place, pas même devant la porte, et il leur annonçait la Parole.

Arrivent des gens qui lui amènent un paralysé, porté par quatre hommes. Comme ils ne peuvent l'approcher à cause de la foule, ils découvrent le toit au-dessus de lui, ils font une ouverture, et descendent le brancard sur lequel était couché le paralysé. Voyant leur foi, Jésus dit au paralysé : « Mon enfant, tes péchés sont pardonnés. »

Or, il y avait quelques scribes, assis là, qui raisonnaient en eux-mêmes : « Pourquoi celui-là parle-t-il ainsi ? Il blasphème. Qui donc peut pardonner les péchés, sinon Dieu seul ? » Percevant aussitôt dans son esprit les raisonnements qu'ils se faisaient, Jésus leur dit : « Pourquoi tenez-vous de tels raisonnements ? Qu'est-ce qui est le plus facile ? Dire à ce paralysé : "Tes péchés sont pardonnés", ou bien lui dire : "Lève-toi, prends ton brancard et marche" ? Eh bien ! Pour que vous sachiez que le Fils de l'homme a autorité pour pardonner les péchés sur la terre... – Jésus s'adressa au paralysé – je te le dis, lève-toi, prends ton brancard, et rentre dans ta maison. » Il se leva, prit aussitôt son brancard, et sortit devant tout le monde. Tous étaient frappés de stupeur et rendaient gloire à Dieu, en disant : « Nous n'avons jamais rien vu de pareil. »

Prière sur les offrandes

Accepte, Seigneur, comme un hommage de tes serviteurs l'offrande que nous déposons sur ton autel en faisant mémoire du bienheureux Antoine ; et permets que, libérés des fardeaux d'ici-bas, nous n'ayons d'autre richesse que toi. Par le Christ, notre Seigneur. — ***Amen.***

Antienne de la communion

Si tu veux être parfait,
dit le Seigneur, va,
vends ce que tu possèdes,
donne-le aux pauvres, et suis-moi.
(cf. Mt 19, 21)

Prière après la communion

Par ton sacrement, Seigneur, tu nous as procuré la nourriture du salut ; fais-nous toujours échapper aux embûches de l'Ennemi, toi qui as donné au bienheureux Antoine de remporter sur les puissances des ténèbres d'éclatantes victoires. Par le Christ, notre Seigneur.
— ***Amen.***

INVITATION

Et si, à la suite des quatre hommes de l'évangile,
je m'engageais comme brancardier dans un prochain pèlerinage à Lourdes ?

COMMENTAIRE

Entrer dans le repos de Dieu Hébreux 4, 1-5.11 ; Psaume 77 (78)

Comment entrer dans le repos du septième jour, qui est celui du Seigneur ? Par la foi, nous dit la lecture. Le psaume apporte alors des précisions : il faut aussi observer les commandements de Dieu. Car il ne suffit pas de vanter ses merveilles, encore faut-il se montrer docile, constant et fidèle. Chaque génération a des conversions à vivre que la précédente a évitées. Elles frayent un chemin pour entrer dans le repos de Dieu. ■

***Nicolas Tarralle**, prêtre assomptionniste*

✲ CLÉ DE LECTURE

« Dans mon repos » Hébreux 4, 4 *(p. 115)*

Dans le texte hébreu du psaume 95, ce « repos » est exprimé en termes de campement, d'installation. Il renvoie aux récits du désert et à la promesse faite par Dieu d'un pays où le peuple trouvera le repos pour vivre en sa présence. Le choix du traducteur grec est autre, il insiste sur la cessation d'une activité et souligne le lien avec le récit de du livre de la Genèse, où Dieu cesse de créer pour contempler son œuvre et lui laisser son autonomie (cf. Gn 2, 2). Entrer dans le repos de Dieu, alors, n'est-ce pas, à notre tour, savoir prendre du recul en face du monde créé, le contempler et l'admirer en renonçant à une maîtrise totale qui se traduit par une exploitation insensée ? Laisser le monde entrer dans le repos de Dieu, l'urgence du texte prend aujourd'hui un sens nouveau ! ■

***Roselyne Dupont-Roc**, bibliste*

Semaine de prière pour l'unité des chrétiens

« Crois-tu cela ? » (Jean 11, 26)

SAMEDI 18	*La paternité et la sollicitude de Dieu…*	p. 125
DIMANCHE 19	*La Création comme œuvre de Dieu*	p. 142
LUNDI 20	*L'incarnation du Fils*	p. 148
MARDI 21	*Le mystère pascal…*	p. 154
MERCREDI 22	*L'Esprit Saint qui donne la vie et la joie*	p. 160
JEUDI 23	*L'Église : communauté de croyants*	p. 166
VENDREDI 24	*Le baptême dans la mort et la résurrection…*	p. 172
SAMEDI 25	*L'attente du Royaume et de la vie à venir*	p. 178

Les textes présentés sont extraits du document proposé par le Dicastère pour la promotion de l'unité des chrétiens et la Commission foi et constitution du Conseil œcuménique des Églises. Il est préparé cette année par la communauté monastique de Bose en Italie. En cette année qui marque les 1 700 ans du concile de Nicée, le document propose de réfléchir à la foi commune des chrétiens telle qu'elle est exprimée dans le Credo formulé lors de ce concile.
Plus d'informations sur le site de l'Unité des chrétiens : unitedeschretiens.fr

SAMEDI 18 JANVIER 2025

1RE SEMAINE DU TEMPS ORDINAIRE COULEUR LITURGIQUE : VERT

Temps ordinaire, *suggestion d'oraisons et d'antiennes n° 5*
ou **bienheureuse Vierge Marie,** *voir p. 124*

Antienne d'ouverture

Venez, adorons Dieu,
prosternons-nous devant le Seigneur qui nous a faits,
car il est notre Dieu. (cf. Ps 94, 6-7)

Prière

Dans ton inlassable tendresse, nous t'en prions, Seigneur, veille sur ta famille : elle s'appuie sur la grâce du ciel, son unique espérance ; qu'elle soit toujours assurée de ta protection. Par Jésus… ***— Amen.***

Lecture

de la lettre aux Hébreux (4, 12-16)

« Avançons-nous avec assurance vers le Trône de la grâce »

Frères, elle est vivante, la parole de Dieu, énergique et plus coupante qu'une épée à deux tranchants ; elle va jusqu'au point de partage de l'âme et de l'esprit, des jointures et des moelles ; elle juge des intentions et des pensées du cœur. Pas une créature n'échappe à ses yeux, tout est nu devant elle, soumis à son regard ; nous aurons à lui rendre des comptes. En Jésus, le Fils de Dieu, nous avons le grand prêtre par excellence, celui qui a traversé les cieux ; tenons donc ferme l'affirmation de

notre foi. En effet, nous n'avons pas un grand prêtre incapable de compatir à nos faiblesses, mais un grand prêtre éprouvé en toutes choses, à notre ressemblance, excepté le péché. Avançons-nous donc avec assurance vers le Trône de la grâce, pour obtenir miséricorde et recevoir, en temps voulu, la grâce de son secours.
– Parole du Seigneur.

Psaume 18B (19)

℟ ***Tes paroles, Seigneur, sont esprit et elles sont vie.***

La loi du Seigneur est parfaite,
qui redonne vie ;
la charte du Seigneur est sûre,
qui rend sages les simples. ℟

Les préceptes du Seigneur sont droits,
ils réjouissent le cœur ;
le commandement du Seigneur est limpide,
il clarifie le regard. ℟

La crainte qu'il inspire est pure,
elle est là pour toujours ;
les décisions du Seigneur sont justes
et vraiment équitables. ℟

Accueille les paroles de ma bouche,
le murmure de mon cœur ;
qu'ils parviennent devant toi,
Seigneur, mon rocher, mon défenseur ! ℟

Acclamation de l'Évangile

Alléluia. Alléluia. Le Seigneur m'a envoyé porter la Bonne Nouvelle aux pauvres, annoncer aux captifs leur libération. ***Alléluia.***

Évangile de Jésus Christ

selon saint Marc (2, 13-17)

« Je ne suis pas venu appeler des justes, mais des pécheurs »

En ce temps-là, Jésus sortit de nouveau le long de la mer ; toute la foule venait à lui, et il les enseignait. En passant, il aperçut Lévi, fils d'Alphée, assis au bureau des impôts. Il lui dit : « Suis-moi. » L'homme se leva et le suivit.

Comme Jésus était à table dans la maison de Lévi, beaucoup de publicains (c'est-à-dire des collecteurs d'impôts) et beaucoup de pécheurs vinrent prendre place avec Jésus et ses disciples, car ils étaient nombreux à le suivre. Les scribes du groupe des pharisiens, voyant qu'il mangeait avec les pécheurs et les publicains, disaient à ses disciples : « Comment ! Il mange avec les publicains et les pécheurs ! » Jésus, qui avait entendu, leur déclara : « Ce ne sont pas les gens bien portants qui ont besoin du médecin, mais les malades. Je ne suis pas venu appeler des justes, mais des pécheurs. »

Prière sur les offrandes

Seigneur notre Dieu, tu as choisi dans ta création ces aliments qui soutiennent notre fragilité ; nous t'en prions : fais qu'ils deviennent aussi pour nous le sacrement de la vie éternelle. Par le Christ, notre Seigneur. ***— Amen.***

Antienne de la communion

Qu'ils rendent grâce au Seigneur pour sa miséricorde, pour ses merveilles envers les hommes : car il rassasie l'âme épuisée, il comble de biens celle qui a faim ! (cf. Ps 106, 8-9)

OU

Heureux ceux qui pleurent,
car ils seront consolés.
Heureux ceux qui ont faim et soif
de la justice, car ils seront rassasiés.
(Mt 5, 4.6)

Prière après la communion

Tu as voulu, Seigneur Dieu, que nous ayons part au même pain et à la même coupe ; nous t'en prions : puisque nous sommes devenus un dans le Christ, que notre manière de vivre nous donne la joie de porter du fruit pour le salut du monde. Par le Christ, notre Seigneur. — ***Amen.***

INVITATION

Premier samedi du temps ordinaire : je peux me confier à la Vierge Marie en méditant le chapelet en le suivant en direct depuis la grotte de Lourdes à 15 h 30.

COMMENTAIRE

Quelle ressemblance !

Hébreux 4, 12-16

L'affirmation est abyssale : Jésus, le Fils de Dieu, est « à notre ressemblance » en tout « excepté le péché ». Il nous dévoile que, même si nous faisons cette expérience du péché, notre humanité et nos faiblesses sont véritablement d'un autre ordre. La parole de Dieu nous est alors donnée pour trancher et accueillir la miséricorde du Christ qui nous introduit auprès du Père. Nous le rejoindrons tels que nous sommes : en tout, excepté le péché. ■

Nicolas Tarralle, *prêtre assomptionniste*

Bienheureuse Vierge Marie

Couleur liturgique : blanc ou vert

Les samedis du temps ordinaire sans mémoire obligatoire, on peut faire mémoire de la Vierge Marie, selon une tradition qui honore la foi et l'espérance sans défaut de Marie le Samedi saint.

Antienne d'ouverture

Bienheureuse es-tu, Vierge Marie :
tu as porté le Créateur de l'univers,
tu as mis au monde celui qui t'a faite,
et tu demeures toujours vierge.

Prière

Dieu de miséricorde, viens au secours de notre faiblesse : puisque nous faisons mémoire de la sainte Mère de Dieu, fais que, soutenus par son intercession, nous soyons relevés de nos péchés. Par Jésus Christ… **— Amen.**

OU

Que vienne à notre aide, Seigneur, nous t'en prions, l'admirable intercession de la bienheureuse Marie toujours vierge ; qu'elle nous obtienne la joie de vivre dans la paix que tu nous donnes, délivrés de tout péril. Par Jésus Christ… **— Amen.**

Prière sur les offrandes

En rendant hommage à la Mère de ton Fils, Seigneur, nous te supplions : que le sacrifice offert en ce jour fasse de nous, par le don de ta grâce, une éternelle offrande à ta gloire. Par le Christ, notre Seigneur. **— Amen.**

Préface de la Vierge Marie, p. 232.

Antienne de la communion

Le Puissant fit pour moi des
merveilles ; Saint est son nom. (Lc 1, 49)

Prière après la communion

Tu nous as fait participer à la rédemption éternelle, et nous te prions, Seigneur : alors que nous faisons mémoire de la Mère de ton Fils, comble-nous de la plénitude de ta grâce, et fais-nous éprouver toujours davantage les effets du salut. Par le Christ, notre Seigneur. **— Amen.**

La paternité et la sollicitude de Dieu, maître de l'univers

Proposition de lectures

Isaïe 63, 15-17
Psaume 138 (139), 1-3.13.23.24
1 Corinthiens 8, 5-6

Prière

Père de toute compassion,
renouvelle notre foi en toi et unis-nous dans ton amour,
afin que nous puissions nous reconnaître les uns les autres
comme tes enfants, et n'être plus qu'un.
Nous te louons par Jésus Christ, ton Fils unique,
dans la communion de l'Esprit Saint.
Amen.

Plus d'informations : unitedeschretiens.fr

DIMANCHE 19 JANVIER 2025

2E DIMANCHE DU TEMPS ORDINAIRE

ANNÉE C – COULEUR LITURGIQUE : VERT

© Catherine Chion

« Heureux les invités au festin des noces de l'Agneau. » Le temps ordinaire demeure extraordinaire, puisque, chaque dimanche, nous sommes invités à la table du Seigneur et nous retrouvons nos frères et sœurs. À Cana, le Christ change l'eau en vin. Ce signe décisif inaugure une Alliance nouvelle. Aujourd'hui encore, le Christ fait alliance avec nous.

RITES INITIAUX

Chant d'entrée *(Suggestions p. 252)*
OU
Antienne d'ouverture
Toute la terre se prosterne devant toi, qu'elle chante pour toi, qu'elle chante un psaume pour ton nom, Dieu très-haut. (cf. Ps 65, 4)

Suggestion de préparation pénitentielle *(ou p. 222)*
En ce dimanche, racontons à tous les peuples les merveilles de Dieu et reconnaissons que nous sommes pécheurs.

Seigneur Jésus, ami de toute l'humanité, béni sois-tu et prends pitié de nous.
— Béni sois-tu et prends pitié de nous.
Ô Christ, préférence de ton peuple, béni sois-tu et prends pitié de nous.
— Béni sois-tu et prends pitié de nous.
Seigneur, Époux de ton peuple, béni sois-tu et prends pitié de nous.
— Béni sois-tu et prends pitié de nous.

Que Dieu tout-puissant nous fasse miséricorde ; qu'il nous pardonne nos péchés et nous conduise à la vie éternelle. ***— Amen.***

Gloire à Dieu *(p. 224)*

Prière

Dieu éternel et tout-puissant, qui régis et le ciel et la terre, exauce, en ta bonté, les supplications de ton peuple et donne à notre temps la paix qui vient de toi. Par Jésus… ***— Amen.***

LITURGIE DE LA PAROLE

Lecture du livre du prophète Isaïe (62, 1-5)

« Comme la jeune mariée fait la joie de son mari »

Pour la cause de Sion, je ne me tairai pas, et pour Jérusalem, je n'aurai de cesse que sa justice ne paraisse dans la clarté, et son salut comme une torche qui brûle. Et les nations verront ta justice ; tous les rois verront ta gloire. On te nommera d'un nom nouveau que la bouche du Seigneur dictera. Tu seras une couronne brillante dans la main du Seigneur, un diadème royal entre les doigts de ton Dieu. On ne te dira plus : « Délaissée ! » À ton pays, nul ne dira : « Désolation ! » Toi, tu seras appelée « Ma Préférence », cette terre se nommera « L'Épousée ». Car le Seigneur t'a préférée, et cette terre deviendra « L'Épousée ». Comme un jeune homme épouse une vierge, ton Bâtisseur t'épousera. Comme la jeune mariée fait la joie de son mari, tu seras la joie de ton Dieu.

– Parole du Seigneur.

Psaume 95 (96)

℟ ***Racontez à tous les peuples les merveilles du Seigneur !***

T. : AELF ; M. : G. Previdi ; Éd. : ADF.

Chantez au Seigneur un chant nouveau,
chantez au Seigneur, terre entière,
chantez au Seigneur et bénissez son nom ! ℟

De jour en jour, proclamez son salut,
racontez à tous les peuples sa gloire,
à toutes les nations ses merveilles ! ℟

Rendez au Seigneur, familles des peuples,
rendez au Seigneur, la gloire et la puissance,
rendez au Seigneur la gloire de son nom. ℟

Adorez le Seigneur, éblouissant de sainteté.
Allez dire aux nations : « Le Seigneur est roi ! »
Il gouverne les peuples avec droiture. ℟

Lecture de la première lettre de saint Paul apôtre aux Corinthiens (12, 4-11)

« L'unique et même Esprit distribue ses dons, comme il le veut, à chacun en particulier »

Frères, les dons de la grâce sont variés, mais c'est le même Esprit. Les services sont variés, mais c'est le même Seigneur. Les activités sont variées, mais c'est le même Dieu qui agit en tout et en tous. À chacun est donnée la manifestation de l'Esprit en vue du bien. À celui-ci est donnée, par l'Esprit, une parole de sagesse ; à un autre, une parole de connaissance, selon le même Esprit ; un autre reçoit, dans le même Esprit, un don de foi ; un autre encore, dans l'unique Esprit, des dons de guérison ; à un autre est donné d'opérer des miracles, à un autre de prophétiser, à un autre de discerner les inspirations ; à l'un, de parler diverses langues mystérieuses ; à l'autre, de les interpréter. Mais celui qui agit en tout cela, c'est l'unique et même Esprit : il distribue ses dons, comme il le veut, à chacun en particulier.
– Parole du Seigneur.

Acclamation de l'Évangile

Alléluia. Alléluia. Dieu nous a appelés par l'Évangile à entrer en possession de la gloire de notre Seigneur Jésus Christ. ***Alléluia.***

U52-98; T. : B. Gschwind; M. : M. Wackenheim; psalmodie : P. Robert; ADF Musique.

Évangile de Jésus Christ selon saint Jean (2, 1-11)

« Tel fut le commencement des signes que Jésus accomplit.
C'était à Cana de Galilée »

En ce temps-là, il y eut un mariage à Cana de Galilée. La mère de Jésus était là. Jésus aussi avait été invité au mariage avec ses disciples. Or, on manqua de vin. La mère de Jésus lui dit : « Ils n'ont pas de vin. » Jésus lui répond : « Femme, que me veux-tu ? Mon heure n'est pas encore venue. » Sa mère dit à ceux qui servaient : « Tout ce qu'il vous dira, faites-le. » Or, il y avait là six jarres de pierre pour les purifications rituelles des Juifs ; chacune contenait deux à trois mesures (c'est-à-dire environ cent litres). Jésus dit à ceux qui servaient : « Remplissez d'eau les jarres. » Et ils les remplirent jusqu'au bord. Il leur dit : « Maintenant, puisez, et portez-en au maître du repas. » Ils lui en portèrent. Et celui-ci goûta l'eau changée en vin. Il ne savait pas d'où venait ce vin, mais ceux qui servaient le savaient bien, eux qui avaient puisé l'eau. Alors le maître du repas appelle le marié et lui dit : « Tout le monde sert le bon vin en premier et, lorsque les gens ont bien bu, on apporte le moins bon. Mais toi, tu as gardé le bon vin jusqu'à maintenant. » Tel fut le commencement des signes que Jésus accomplit. C'était à Cana de Galilée. Il manifesta sa gloire, et ses disciples crurent en lui.

Homélie

Profession de foi (p. 225)

Suggestion de prière universelle

Le prêtre :

Marie nous donne l'exemple de la prière d'intercession. Avec elle, présentons à Jésus son Fils, nos demandes pour l'Église et pour le monde.

℟ ***Avec Marie ta mère, nous te supplions.***

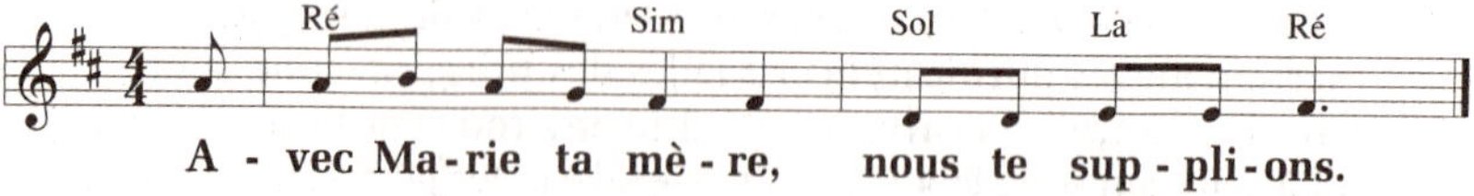

M. : M. Wackenheim; Bayard Liturgie.

Le diacre ou un lecteur :

Prions pour les futurs mariés. Que ce temps de préparation leur offre la joie de mieux connaître l'Évangile et le mystère de l'Église. Prions le Seigneur. ℟

Prions pour ceux qui ne sont jamais invités aux fêtes familiales et se sentent exclus des rassemblements paroissiaux. Que nos cœurs s'ouvrent à la convivialité. Prions le Seigneur. ℟

Prions pour les diacres, qui rappellent à tous la nécessité du service. Qu'ils proclament la Bonne Nouvelle et servent dans la joie. Prions le Seigneur. ℟

En cette année anniversaire du concile de Nicée, prions pour notre communauté rassemblée. Que nous bâtissions des ponts avec les chrétiens de toutes confessions. Prions le Seigneur. ℟

(Ces intentions seront adaptées ou modifiées selon les circonstances. On peut aussi s'inspirer de l'intention universelle du Saint-Père, p. 6.)

Le prêtre :

Seigneur Jésus, toi qui fais couler sur nous le vin nouveau du Royaume, daigne exaucer toutes nos prières, toi qui vis et règnes pour les siècles des siècles. — ***Amen.***

LITURGIE EUCHARISTIQUE

Prière sur les offrandes

Accorde-nous, Seigneur, nous t'en prions, de participer dignement à ces mystères, car chaque fois qu'est célébré ce sacrifice en mémorial, c'est l'œuvre de notre rédemption qui s'accomplit. Par le Christ, notre Seigneur. ***– Amen.***

Prière eucharistique *(Préface des dimanches, p. 230)*

Chant de communion *(Suggestions p. 252)*

OU

Antienne de la communion

Tu prépares la table pour moi ; la coupe qui m'enivre,
comme elle est admirable ! (cf. Ps 22, 5)

OU

Nous avons reconnu l'amour que Dieu a pour nous,
et nous y avons cru. (1 Jn 4, 16)

Prière après la communion

Répands en nous, Seigneur, ton Esprit de charité, afin d'unir dans un même amour ceux que tu as nourris du même pain du ciel. Par le Christ, notre Seigneur. ***– Amen.***

RITE DE CONCLUSION

Bénédiction et envoi

COMMENTAIRE DU DIMANCHE

Anne Da, xavière

La joie de la fête

La première lecture indique que la relation du Seigneur avec son peuple est une alliance qui prend la forme de noces : « Tu seras appelée “Ma Préférence” » ; « Tu seras la joie de ton Dieu. »
Dans l’évangile de Jean, pendant la fête, les serviteurs sont les premiers à goûter l’eau transformée en vin. Marie, la mère de Jésus, investie de l’esprit de sagesse, voit que le vin vient à manquer, présente la situation à son fils et intercède : « Ils n’ont pas de vin. » Elle est ainsi intimement associée à la mission de Jésus. Avec l’épisode du mariage à Cana, saint Jean choisit de mettre en lumière un commencement qui a le goût d’un accomplissement. Cet évenement au début de la vie publique de Jésus manifeste le sens caché de sa présence. Il est envoyé par le •••

••• Père pour agir sous l'Esprit et dévoiler le projet de Dieu : l'union de Dieu avec l'humanité, qui s'exprime dans une fête. Un temps nouveau advient, celui des noces annoncées par le prophète Isaïe, celui de l'accomplissement d'une promesse : « Tu seras la joie de ton Dieu. » Ce commencement de la vie publique de Jésus pointe vers son terme : l'offrande de son corps livré, de son sang versé par amour qui va sceller pour toujours l'union de Dieu avec l'humanité tout entière. La transformation prend le goût du vin le plus raffiné offert en surabondance à tous, pour toujours. La vie publique de Jésus commence par la joie de la fête !

Comment puis-je intercéder, avec Marie, pour que le plus grand nombre goûte l'amour de Dieu ?

Comment, dans le quotidien de ma vie, s'exprime la promesse de Jésus : « Tu seras la joie de ton Dieu » ? ■

PrionsenÉglise **junior**

LIRE L'ÉVANGILE AVEC LES ENFANTS

CE QUE JE DÉCOUVRE

Imagine une fête avec tes amis où il n'y a plus ni jus de fruits ni gâteaux. Quel dommage ! Lors des noces de Cana, Jésus ne laisse pas les invités de la fête sans vin. Mais si Jésus accomplit ce miracle, **ce n'est pas seulement pour faire plaisir.** Ce geste de Jésus est un signe, c'est une manière, pour lui, de montrer qu'**il n'est pas un homme comme un autre.**
Non, il est le Sauveur, le Messie, le Fils de Dieu. Comme il change l'eau en vin, ainsi vient-il donner de la joie. **Sa Bonne Nouvelle est chemin de vie et de bonheur.**

CE QUE JE VIS

Si tu avais été invité aux noces de Cana, qu'aurais-tu fait à la place de Marie ?
Pour toi, qui est Jésus ? Que t'apporte-t-il ?
Marie est la mère de tous les hommes. Tu peux te confier à elle avant de dormir et prier le Je vous salue Marie.

Texte : Thibault Van Den Driessche. Illustrations : Marcelino Truong

19 - 25

MÉDITATION BIBLIQUE

2E DIMANCHE DU TEMPS ORDINAIRE

Évangile selon saint Jean 2, 1-11

Le premier des signes

Le Christ est au centre de l'évangile de ce jour. Il inaugure une succession de signes préparant à la révélation plénière de sa gloire, pour qui consent à les déchiffrer sans a priori.

Le temps de la préparation

« Car tout est de lui, et par lui, et pour lui. À lui la gloire pour l'éternité ! » (Rm 11, 36)

Le temps de l'observation

Le fait que le signe de l'eau « changée » en vin inaugure la série des signes de Jésus manifeste son importance. Les thématiques de la noce et du vin tournent les regards vers le temps de la fin, vers le banquet messianique. Cet épisode, par la mention du « troisième jour » (dans le texte complet de l'évangile), rappelle la révélation du mont Sinaï (Ex 19, 11) et la Résurrection. Nous sommes donc en présence d'une révélation, d'un dévoilement de ces « choses plus grandes encore » (Jn 1, 50). La mère de Jésus est nommée en premier; elle occupe ici une place à part. Nous ne la retrouverons qu'au chapitre 19 de l'évangile de Jean, au pied de la Croix, quand l'heure de Jésus sera venue. Figure de l'Israël croyant, elle semble vivre pleinement ce verset du livre d'Isaïe : « Pour la cause de Sion, je ne me tairai pas » (Is 62, 1). Elle œuvre à ce qu'advienne l'abondance de la vie et de la joie sur cette terre.

Le temps de la méditation

Dans le concret de nos existences, le Ressuscité continue de se révéler, de nous manifester le Père, d'opérer des signes. Des signes que nous pouvons reconnaître à ce qu'ils sont orientés vers une plénitude de vie, une relation qui circule entre les personnes. Ils pointent vers un au-delà du manque susceptible de compromettre la « fête » que peut devenir notre existence si elle est axée sur la rencontre et la joie qui en découlent. Une fête qui ne décolle pas de notre réalité, comme le signifie la mise en perspective de cet épisode avec celui de la Croix, fût-elle glorieuse. Une fête qui suppose la mort du grain de blé en terre (Jn 12, 24) ou l'émondage de la vigne (Jn 15, 2), en vue d'une authentique fécondité. Mais si Dieu est donateur de la vie éternelle, nous sommes conviés à coopérer à son dessein de salut, comme Marie : par la vigilance, la prière, l'adhésion à « ce que nous dit » le Seigneur et le souci de l'accomplir.

Le temps de la prière

« Nous sommes entrés dans l'eau et le feu, tu nous as fait sortir vers l'abondance. » (Ps 65, 12) ■

Emmanuelle Billoteau,
ermite

L'ÉVÉNEMENT

DU 23 AU 26 JANVIER 2025 : RENCONTRES SAINT-FRANÇOIS-DE-SALES

Des journalistes à Rome

En cette année sainte, la Fédération des médias catholiques organise ses 28es Rencontres internationales Saint-François-de-Sales à Rome du 23 au 26 janvier 2025, à l'occasion du jubilé du monde de la communication.

Les Rencontres Saint-François-de-Sales, du 23 au 26 janvier, réunissent, pour la première fois à Rome, des journalistes de médias catholiques venus du monde entier. « Au plus près du cœur de la foi catholique, ces journées seront l'occasion de nous interroger sur les identités particulières de nos médias », explique Xavier Le Normand, coordinateur de la rencontre. Après une messe d'ouverture le 23 janvier, les participants s'interrogeront sur l'avenir de leurs médias dans un monde qui semble toujours plus déchristianisé, particulièrement en Occident. « Qu'est-ce que cette identité signifie pour les collaborateurs – journalistes ou non – de nos titres ? Et tout cela, dans quel but, au service de quelle mission ? » interroge Xavier Le Normand. Ces réflexions se poursuivront avec le passage de la porte sainte et une audience avec le pape, le 25 janvier. Les Rencontres Saint-François-de-Sales sont également l'occasion de décerner le Prix père Jacques Hamel à un lauréat désigné chaque année en décembre. Il sera remis le 23 janvier par Florence Mangin, ambassadrice de France auprès du Saint-Siège. En 2024, le prix avait été attribué à la Canadienne Sarah-Christine Bourihane pour son récit sur l'enlèvement au Cameroun d'une religieuse par des djihadistes de Boko Haram en 2014. ■

Geneviève Pasquier, journaliste

Journaliste en reportage

© Getty Images

LA PREMIÈRE CÉLÉBRATION JUBILAIRE DE L'ANNÉE

Le jubilé du monde de la communication ouvre les célébrations jubilaires de l'année 2025. Il aura lieu du 24 au 26 janvier et est destiné à tous les professionnels de la communication. Ce jubilé, comme tous les autres de cette année jubilaire, a pour thème : « Pèlerins d'espérance ».

La Création comme œuvre de Dieu

Proposition de lectures

Genèse 1, 1-5
Psaume 148, 1.3.9-14
Romains 8, 19-23

Prière

Seigneur Dieu, Père des lumières,
fortifie nos cœurs dans l'attente et l'espérance
alors que nous travaillons à l'unité et recherchons ensemble
l'harmonie de toute la Création.
Fais que nous soyons des lampes qui brûlent
jusqu'au jour de la venue de ton Fils dans la gloire,
avec tous ses saints dans le Royaume sans fin.
Béni sois-tu, maintenant et toujours,
et pour les siècles des siècles.
Amen.

Plus d'informations : unitedeschretiens.fr

LUNDI 20 JANVIER 2025

2E SEMAINE DU TEMPS ORDINAIRE COULEUR LITURGIQUE : VERT

Temps ordinaire, *suggestion d'oraisons et d'antiennes n° 6*
ou **saint Sébastien,** *voir p. 147,*
ou **saint Fabien**

Antienne d'ouverture

Sois pour moi le Dieu qui protège, un lieu de refuge pour me sauver.
Car tu es mon appui et mon refuge : à cause de ton nom,
tu seras mon guide et tu me nourriras. (cf. Ps 30, 3-4)

Prière

Seigneur Dieu, tu as promis d'habiter les cœurs droits et sincères ; donne-nous, par ta grâce, de vivre de telle manière que tu puisses faire en nous ta demeure. Par Jésus… — ***Amen.***

Lecture

de la lettre aux Hébreux (5, 1-10)

« Bien qu'il soit le Fils, il apprit par ses souffrances l'obéissance »

Tout grand prêtre est pris parmi les hommes ; il est établi pour intervenir en faveur des hommes dans leurs relations avec Dieu ; il doit offrir des dons et des sacrifices pour les péchés. Il est capable de compréhension envers ceux qui commettent des fautes par ignorance ou par égarement, car il est, lui aussi, rempli de faiblesse ; et, à cause de cette faiblesse, il doit offrir des sacrifices pour ses propres péchés comme pour ceux du peuple. On ne s'attribue pas cet honneur à soi-même, on

est appelé par Dieu, comme Aaron. Il en est bien ainsi pour le Christ : il ne s'est pas donné à lui-même la gloire de devenir grand prêtre ; il l'a reçue de Dieu, qui lui a dit : *Tu es mon Fils, moi, aujourd'hui, je t'ai engendré*, car il lui dit aussi dans un autre psaume : *Tu es prêtre de l'ordre de Melkisédek pour l'éternité.*
Pendant les jours de sa vie dans la chair, il offrit, avec un grand cri et dans les larmes, des prières et des supplications à Dieu qui pouvait le sauver de la mort, et il fut exaucé en raison de son grand respect. Bien qu'il soit le Fils, il apprit par ses souffrances l'obéissance et, conduit à sa perfection, il est devenu pour tous ceux qui lui obéissent la cause du salut éternel, car Dieu l'a proclamé grand prêtre de l'ordre de Melkisédek.
– Parole du Seigneur.

Psaume 109 (110)

℟ ***Tu es prêtre à jamais, selon l'ordre de Melkisédek.***

Oracle du Seigneur à mon seigneur :
« Siège à ma droite,
et je ferai de tes ennemis
le marchepied de ton trône. » ℟

De Sion, le Seigneur te présente
le sceptre de ta force :
« Domine jusqu'au cœur de l'ennemi. » ℟

Le jour où paraît ta puissance,
tu es prince, éblouissant de sainteté :
« Comme la rosée qui naît de l'aurore,
je t'ai engendré. » ℟

Le Seigneur l'a juré
dans un serment irrévocable :
« Tu es prêtre à jamais
selon l'ordre du roi Melkisédek. » ℟

Acclamation de l'Évangile

Alléluia. Alléluia. Elle est vivante, efficace, la parole de Dieu ; elle juge des intentions et des pensées du cœur. ***Alléluia.***

Évangile de Jésus Christ

selon saint Marc (2, 18-22)

« L'Époux est avec eux »

En ce temps-là, comme les disciples de Jean le Baptiste et les pharisiens jeûnaient, on vint demander à Jésus : « Pourquoi, alors que les disciples de Jean et les disciples des pharisiens jeûnent, tes disciples ne jeûnent-ils pas ? » Jésus leur dit : « Les invités de la noce pourraient-ils jeûner, pendant que l'Époux est avec eux ? Tant qu'ils ont l'Époux avec eux, ils ne peuvent pas jeûner. Mais des jours viendront où l'Époux leur sera enlevé ; alors, ce jour-là, ils jeûneront.

« Personne ne raccommode un vieux vêtement avec une pièce d'étoffe neuve ; autrement le morceau neuf ajouté tire sur le vieux tissu et la déchirure s'agrandit. Ou encore, personne ne met du vin nouveau dans de vieilles outres ; car alors, le vin fera éclater les outres, et l'on perd à la fois le vin et les outres. À vin nouveau, outres neuves. »

Prière sur les offrandes

Que cette offrande, nous t'en prions, Seigneur, nous purifie et nous renouvelle ; qu'elle devienne pour ceux qui accomplissent ta volonté la cause de la récompense éternelle. Par le Christ, notre Seigneur. — ***Amen.***

Antienne de la communion

Ils mangèrent, ils furent rassasiés,
Dieu comblait leur désir, leur attente
ne fut pas trompée. (Ps 77, 29-30)

OU

Dieu a tant aimé le monde
qu'il a donné son Fils unique :
ainsi, celui qui croit en lui ne périra pas,
mais il obtiendra la vie éternelle.
(Jn 3, 16)

Prière après la communion

Tu nous as fait goûter, Seigneur, aux joies du ciel, et nous te prions : donne-nous de toujours désirer ce qui nous fait vivre en vérité. Par le Christ, notre Seigneur. ***— Amen.***

INVITATION

Pendant cette Semaine de prière pour l'unité des chrétiens, je peux méditer le credo de Nicée-Constantinople, dont nous célébrons les 1 700 ans en 2025.

COMMENTAIRE

À vos ordres ! Hébreux 5, 1-10

Comment Jésus peut-il avoir appris l'obéissance selon la lettre aux Hébreux, lui qui ne se donne à lui-même aucune gloire mais la reçoit de Dieu ? Sur la Croix, il apprend ce que l'obéissance devient entre les mains des hommes. Non une écoute libre mais un asservissement au pouvoir et à la gloire. Jésus incarne l'obéissance en ouvrant les bras. Obéir, n'est-ce pas recueillir entre nos mains le don de Dieu pour en vivre ? ■

Colette Hamza, *xavière*

Saint Sébastien

Couleur liturgique : rouge

IIIe-IVe siècle. Officier romain converti au christianisme, il refusa de sacrifier à l'empereur Dioclétien. Il fut attaché à un arbre, criblé de flèches, puis tué par bastonnade.

Antienne d'ouverture

Fidèle à la loi de Dieu, saint Sébastien
a combattu jusqu'à la mort ;
il n'a pas craint les paroles des impies :
il était solidement établi sur le roc.

Prière

Accorde-nous, Seigneur, l'esprit de force, pour que l'exemple de ton bienheureux martyr Sébastien nous apprenne à t'obéir, à toi plutôt qu'aux hommes. Par Jésus…

— Amen.

Prière sur les offrandes

Par ta bénédiction, nous t'en prions, Seigneur, sanctifie les dons que nous t'offrons ; qu'elle allume en nous, par ta grâce, le feu de cet amour qui donnait à saint Sébastien d'être vainqueur dans tous les supplices infligés à son corps. Par le Christ, notre Seigneur.

— Amen.

Préface des saints martyrs, p. 233.

Antienne de la communion

Si quelqu'un veut marcher à ma suite,
dit le Seigneur, qu'il renonce
à lui-même, qu'il prenne sa croix,
et qu'il me suive.
(cf. Mt 16, 24)

Prière après la communion

Que la participation aux saints mystères, nous t'en prions, Seigneur, nous donne la force d'âme qui rendit saint Sébastien, ton martyr, fidèle à te servir et victorieux dans la passion qu'il a subie. Par le Christ, notre Seigneur.

— Amen.

L'incarnation du Fils

Proposition de lectures

Jérémie 33, 14-16
Psaume 71 (72), 7.12.16-17
Jean 1, 1-14

Prière

Seigneur Dieu, notre Père,
fais que nos regards se tournent vers toi
pour qu'ensemble nous marchions
des ténèbres vers la lumière de ton visage,
révélé en Jésus,
ton Fils et notre frère,
qui vit avec toi et le Saint-Esprit
maintenant et pour les siècles des siècles.
Amen.

Plus d'informations : unitedeschretiens.fr

MARDI 21 JANVIER 2025

2E SEMAINE DU TEMPS ORDINAIRE COULEUR LITURGIQUE : ROUGE

Sainte Agnès

IIIe-IVe siècle. Jeune chrétienne romaine. Elle s'offrit volontairement au martyre pour sauvegarder sa pureté. Le peuple de Rome l'a toujours entourée de tendresse et de vénération.

Antienne d'ouverture

Voici qu'elle suit l'Agneau, crucifié pour nous,
la vierge fidèle, victime pure, offrande immaculée.

OU

Bienheureuse vierge, renonçant à elle-même et portant sa croix,
elle a imité le Seigneur, époux des vierges et prince des martyrs.

Prière

Dieu éternel et tout-puissant, tu choisis ce qui est faible dans le monde pour couvrir de confusion ce qui est fort ; alors que nous célébrons la naissance au ciel de la bienheureuse Agnès ta martyre, accorde-nous, dans ta bienveillance, d'imiter sa fermeté dans la foi. Par Jésus… ***— Amen.***

19 - 25

Lecture

de la lettre aux Hébreux (6, 10-20)

« Cette espérance, nous la tenons comme une ancre sûre et solide »

Frères, Dieu n'est pas injuste : il n'oublie pas votre action ni l'amour que vous avez manifesté à son égard, en vous mettant au service des fidèles et en vous y tenant. Notre désir est que chacun d'entre vous manifeste le même empressement jusqu'à la fin, pour que votre

espérance se réalise pleinement ; ne devenez pas paresseux, imitez plutôt ceux qui, par la foi et la persévérance, obtiennent l'héritage promis. Quand Dieu fit la promesse à Abraham, comme il ne pouvait prêter serment par quelqu'un de plus grand que lui, il prêta serment par lui-même, et il dit : *Je te comblerai de bénédictions et je multiplierai ta descendance.* Et ainsi, par sa persévérance, Abraham a obtenu ce que Dieu lui avait promis. Les hommes prêtent serment par un plus grand qu'eux, et le serment est entre eux une garantie qui met fin à toute discussion ; Dieu a donc pris le moyen du serment quand il a voulu montrer aux héritiers de la promesse, de manière encore plus claire, que sa décision était irrévocable.
Dieu s'est ainsi engagé doublement de façon irrévocable, et il est impossible que Dieu ait menti. Cela nous encourage fortement, nous qui avons cherché refuge dans l'espérance qui nous était proposée et que nous avons saisie. Cette espérance, nous la tenons comme une ancre sûre et solide* pour l'âme ; elle entre au-delà du rideau, dans le Sanctuaire où Jésus est entré pour nous en précurseur, lui qui est devenu grand prêtre de l'ordre de Melkisédek pour l'éternité.
– Parole du Seigneur.

Psaume 110 (111)

℟ ***Le Seigneur garde toujours mémoire de son alliance.***
OU ***Alléluia !***

De tout cœur je rendrai gr**â**ce au Seigneur
dans l'assemblée, parm**i** les justes.
Grandes sont les œ**u**vres du Seigneur ;
tous ceux qui les **a**iment s'en instruisent. ℟

De ses merveilles il a laiss**é** un mémorial ;
le Seigneur est tendr**e**sse et pitié.

Il a donné des v**i**vres à ses fidèles,
gardant toujours mém**o**ire de son alliance. ℟

Il apporte la délivr**a**nce à son peuple ;
son alliance est promulgu**é**e pour toujours :
saint et redout**a**ble est son nom.
À jamais se maintiendr**a** sa louange. ℟

Acclamation de l'Évangile

Alléluia. Alléluia. Que le Père de notre Seigneur Jésus Christ ouvre à sa lumière les yeux de notre cœur, pour que nous percevions l'espérance que donne son appel. ***Alléluia.***

Évangile de Jésus Christ

selon saint Marc (2, 23-28)

« Le sabbat a été fait pour l'homme, et non pas l'homme pour le sabbat »

Un jour de sabbat, Jésus marchait à travers les champs de blé ; et ses disciples, chemin faisant, se mirent à arracher des épis. Les pharisiens lui disaient : « Regarde ce qu'ils font le jour du sabbat ! Cela n'est pas permis. » Et Jésus leur dit : « N'avez-vous jamais lu ce que fit David, lorsqu'il fut dans le besoin et qu'il eut faim, lui-même et ceux

19 - 25

qui l'accompagnaient ? Au temps du grand prêtre Abiatar, il entra dans la maison de Dieu et mangea les pains de l'offrande que nul n'a le droit de manger, sinon les prêtres, et il en donna aussi à ceux qui l'accompagnaient. » Il leur disait encore : « Le sabbat a été fait pour l'homme, et non pas l'homme pour le sabbat. Voilà pourquoi le Fils de l'homme est maître, même du sabbat. »

Prière sur les offrandes

Seigneur, nous te présentons ces offrandes en célébrant sainte Agnès : accepte-les avec bienveillance, nous t'en prions, comme tu as accueilli le combat de son martyre. Par le Christ, notre Seigneur. — ***Amen.***

Antienne de la communion

L'Agneau qui se tient au milieu
du Trône les conduira
aux sources des eaux de la vie.
(cf. Ap 7, 17)

Prière après la communion

Seigneur Dieu, tu as donné à sainte Agnès d'être couronnée parmi les saints, au double titre de vierge et de martyre ; par la force de ce sacrement, rends-nous forts pour surmonter le mal et obtenir ainsi la gloire du ciel. Par le Christ, notre Seigneur. — ***Amen.***

INVITATION

À la lecture de l'évangile, je peux me demander : à quelle liberté suis-je appelé ?

COMMENTAIRE

Mission : espérance ! Hébreux 6, 10-20

Avec Abraham, nous sommes invités à la persévérance, car la promesse de Dieu est irrévocable. Nous sommes appelés à l'espérance, cette « ancre sûre et solide » que le Christ a jetée pour nous. L'espérance offerte par le Christ ne consiste pas à croire que cela ira mieux demain, elle est une mission qui prend corps dans le service au quotidien, donnant leur poids d'éternité à tous les petits gestes ou paroles de bonté. ■

Colette Hamza*, xavière*

❊ CLÉ DE LECTURE

« Une ancre sûre et solide » Hébreux 6, 19 *(p. 150)*

L'auteur de la lettre aux Hébreux rassure et encourage ses lecteurs, des Juifs devenus disciples du Christ. Il veut leur montrer qu'en Jésus, toutes les promesses de Dieu sont définitivement accomplies, car Dieu est « le » fidèle, celui dont la Parole demeure irrévocable : ils peuvent s'appuyer sur elle, et ils en perçoivent désormais la réalisation. Alors que le voile qui séparait le Saint des saints ne pouvait être franchi que par le grand prêtre une fois par an, désormais ce voile est ouvert à tous, car, le texte le précisera (He 10, 20), le voile est la personne même de Jésus, la chair vivante qu'il a partagée avec nous. C'est lui, l'ancre solide qui nous relie au Père et à la vie qu'il nous offre à profusion. Entrons sans crainte sur le chemin qu'il nous ouvre. ■

Roselyne Dupont-Roc*, bibliste*

Le mystère pascal : la passion, la mort et la résurrection de Jésus

Proposition de lectures

Exode 3, 7-8

Psaume 15 (16), 5.7.10-11

Philippiens 2, 5-11

Prière

Seigneur notre Dieu,
en glorifiant ton Fils Jésus, tu nous as libérés de la mort.
Par sa résurrection,
réveille nos cœurs endormis,
éclaire tous ceux qui te cherchent
et fais briller sur nous l'étoile du matin,
Jésus Christ, le Vivant,
qui est Seigneur pour les siècles des siècles.
Amen.

Plus d'informations : unitedeschretiens.fr

MERCREDI 22 JANVIER 2025

2E SEMAINE DU TEMPS ORDINAIRE COULEUR LITURGIQUE : VERT

Temps ordinaire, *suggestion d'oraisons et d'antiennes n° 7*
ou **saint Vincent,** *voir p. 159*

Antienne d'ouverture

Seigneur, j'ai mis mon espoir en ta miséricorde ;
mon cœur a exulté dans ton salut !
Je chanterai le Seigneur pour le bien qu'il m'a fait.
(cf. Ps 12, 6)

Prière

Dieu tout-puissant, nous t'en prions : accorde-nous de conformer à ta volonté nos paroles et nos actes dans une inlassable recherche des biens spirituels. Par Jésus…
— Amen.

Lecture

19 - 25

de la lettre aux Hébreux (7, 1-3.15-17)

« Toi, tu es prêtre de l'ordre de Melkisédek pour l'éternité »

Frères, Melkisédek était roi de Salem, prêtre du Dieu très-haut ; il vint à la rencontre d'Abraham quand celui-ci rentrait de son expédition contre les rois ; il le bénit, et Abraham lui remit le dixième de tout ce qu'il avait pris. D'abord, Melkisédek porte un nom qui veut dire « roi de justice » ; ensuite, il est roi de Salem, c'est-à-dire roi « de paix », et à son sujet on ne parle ni de père ni de mère, ni d'ancêtres,

ni d'un commencement d'existence ni d'une fin de vie ; cela le fait ressembler au Fils de Dieu : il demeure prêtre pour toujours.
Les choses sont encore beaucoup plus claires si un autre prêtre se lève à la ressemblance de Melkisédek et devient prêtre, non pas selon une exigence légale de filiation humaine, mais par la puissance d'une vie indestructible. Car voici le témoignage de l'Écriture : *Toi, tu es prêtre de l'ordre de Melkisédek pour l'éternité.*
– Parole du Seigneur.

Psaume 109 (110)

℟ *Tu es prêtre à jamais selon l'ordre de Melkisédek.*

Oracle du Seigneur à mon seigneur :
« Siège à ma droite,
et je ferai de tes ennemis
le marchepied de ton trône. » ℟

De Sion, le Seigneur te présente
le sceptre de ta force :
« Domine jusqu'au cœur de l'ennemi. » ℟

Le jour où paraît ta puissance,
tu es prince, éblouissant de sainteté :
« Comme la rosée qui naît de l'aurore,
je t'ai engendré. » ℟

Le Seigneur l'a juré
dans un serment irrévocable :
« Tu es prêtre à jamais
selon l'ordre du roi Melkisédek. » ℟

Acclamation de l'Évangile

Alléluia. Alléluia. Jésus proclamait l'Évangile du Royaume et guérissait toute infirmité dans le peuple. ***Alléluia.***

Évangile de Jésus Christ

selon saint Marc (3, 1-6)

« Est-il permis, le jour du sabbat, de sauver une vie ou de tuer ? »

En ce temps-là, Jésus entra de nouveau dans une synagogue ; il y avait là un homme dont la main était atrophiée. On observait Jésus pour voir s'il le guérirait le jour du sabbat. C'était afin de pouvoir l'accuser. Il dit à l'homme qui avait la main atrophiée : « Lève-toi, viens au milieu. » Et s'adressant aux autres : « Est-il permis, le jour du sabbat, de faire le bien ou de faire le mal ? de sauver une vie ou de tuer ? » Mais eux se taisaient. Alors, promenant sur eux un regard de colère, navré de l'endurcissement de leurs cœurs, il dit à l'homme : « Étends la main. » Il l'étendit, et sa main redevint normale.

Une fois sortis, les pharisiens se réunirent en conseil avec les partisans d'Hérode contre Jésus, pour voir comment le faire périr.

Prière sur les offrandes

En célébrant tes mystères, Seigneur, pour te servir comme il convient, nous te supplions humblement : que les dons offerts pour honorer ta gloire nous fassent progresser vers le salut. Par le Christ, notre Seigneur. ***— Amen.***

Antienne de la communion

De tout mon cœur, Seigneur, je rendrai grâce, je dirai tes innombrables merveilles ; pour toi, j'exulterai, je danserai, je fêterai ton nom, Dieu Très-Haut. (Ps 9, 2-3)

OU

Seigneur, je le crois : tu es le Christ, le Fils du Dieu vivant, celui qui vient dans le monde. (Jn 11, 27)

Prière après la communion

Nous t'en prions, Dieu tout-puissant : donne-nous de recueillir tous les fruits de salut dont ces mystères sont déjà la promesse et le gage. Par le Christ, notre Seigneur. — ***Amen.***

INVITATION

Et si, en cette Semaine de prière pour l'unité des chrétiens, je participais à une messe orthodoxe ou à un culte protestant ?

COMMENTAIRE

Il faut choisir

Marc 3, 1-6

Cela se passe un jour de sabbat. Provocation et colère chez Jésus. Main sèche et cœurs tout autant chez les participants de la scène. Est-il permis ce jour-là de sauver une vie ou de tuer ? La Loi ou la vie ? Mais existe-t-il une loi sans vie ? Ne jugeons pas trop vite les pharisiens qui choisissent ici de tuer l'auteur de la vie. Regardons nos propres choix : vont-ils vers la vie ou vers une condamnation au nom de certains principes ? ■

***Colette Hamza**, xavière*

Saint Vincent

Couleur liturgique : rouge

IIIe siècle. Après avoir servi fidèlement l'Église auprès de l'évêque de Saragosse, ce diacre fut torturé et mis à mort à Valence (Espagne), sous Dioclétien.

Antienne d'ouverture

Le Seigneur lui a donné la victoire dans un combat redoutable; il lui a fait comprendre ainsi que la sagesse est plus puissante que tout. (cf. Sg 10, 12)

Prière

Dieu éternel et tout-puissant, dans ta miséricorde répands sur nous ton Esprit, afin que nos cœurs soient forts de cet amour qui permit à saint Vincent, ton martyr, d'être vainqueur dans tous les supplices infligés à son corps. Par Jésus… ***— Amen.***

Prière sur les offrandes

Accepte, nous t'en prions, Seigneur, les offrandes que nous apportons en la fête de saint Vincent; qu'elles te soient agréables, comme fut précieux pour toi le sang versé de ton martyr. Par le Christ, notre Seigneur. ***— Amen.***

Antienne de la communion

Qui aura perdu sa vie à cause
de moi, dit le Seigneur,
la gardera pour toujours. (cf. Mt 10, 39)

Prière après la communion

Que la participation aux saints mystères, nous t'en prions, Seigneur, nous donne la force d'âme qui rendit saint Vincent, ton martyr, fidèle à te servir et victorieux dans la passion qu'il a subie. Par le Christ, notre Seigneur.
— Amen.

L'Esprit Saint qui donne la vie et la joie

Proposition de lectures

Ézékiel 36, 24-28

Psaume 103 (104), 24-25.27-29.33-34

Jean 3, 4-8

Prière

Dieu notre Père,
tu nous as révélé le merveilleux mystère de ta vie,
en envoyant ton Fils dans le monde
et en nous donnant d'avoir part à ton Esprit de sainteté et de joie.
Réjouissons-nous dans l'Esprit,
qui renouvelle la face de la terre et nous pousse vers l'unité.
Nous confessons notre foi en toi, le Dieu unique et trois fois Saint :
Père, Fils et Saint-Esprit.
Béni sois-tu, maintenant et pour les siècles des siècles.
Amen.

Plus d'informations : unitedeschretiens.fr

JEUDI 23 JANVIER 2025

2E SEMAINE DU TEMPS ORDINAIRE COULEUR LITURGIQUE : VERT

Temps ordinaire, *suggestion d'oraisons et d'antiennes n° 8*

Antienne d'ouverture

Le Seigneur s'est fait mon protecteur, il m'a dégagé, mis au large, il m'a libéré, car il m'aime. (cf. Ps 17, 19-20)

Prière

Nous t'en prions, Seigneur, accorde-nous de vivre dans un monde où les événements se déroulent selon ton dessein de paix, et où ton Église connaisse la joie de te servir dans la sérénité. Par Jésus… ***— Amen.***

Lecture

de la lettre aux Hébreux (7, 25 – 8, 6)

« Il a offert des sacrifices une fois pour toutes en s'offrant lui-même »

Frères, Jésus est capable de sauver d'une manière définitive ceux qui par lui s'avancent vers Dieu, car il est toujours vivant pour intercéder en leur faveur. C'est bien le grand prêtre* qu'il nous fallait : saint, innocent, immaculé; séparé maintenant des pécheurs, il est désormais plus haut que les cieux. Il n'a pas besoin, comme les autres grands prêtres, d'offrir chaque jour des sacrifices, d'abord pour ses péchés personnels, puis pour ceux du peuple; cela, il l'a fait une fois pour toutes en s'offrant lui-même. La loi de Moïse établit comme grands prêtres des hommes remplis de faiblesse; mais

la parole du serment divin, qui vient après la Loi, établit comme grand prêtre le Fils, conduit pour l'éternité à sa perfection. Et voici l'essentiel de ce que nous voulons dire : c'est bien ce grand prêtre-là que nous avons, lui qui s'est assis à la droite de la Majesté divine dans les cieux, après avoir accompli le service du véritable Sanctuaire et de la véritable Tente, celle qui a été dressée par le Seigneur et non par un homme. Tout grand prêtre est établi pour offrir des dons et des sacrifices; il était donc nécessaire que notre grand prêtre ait, lui aussi, quelque chose à offrir. À vrai dire, s'il était sur la terre, il ne serait même pas prêtre, puisqu'il y a déjà les prêtres qui offrent les dons conformément à la Loi : ceux-ci rendent leur culte dans un sanctuaire qui est une image et une ébauche des réalités célestes, comme en témoigne l'oracle reçu par Moïse au moment où il allait construire la Tente : *Regarde*, dit le Seigneur, *tu exécuteras tout selon le modèle qui t'a été montré sur la montagne.* Quant au grand prêtre que nous avons, le service qui lui revient se distingue d'autant plus que lui est médiateur d'une alliance meilleure, reposant sur de meilleures promesses.
– Parole du Seigneur.

Psaume 39 (40)

℟ ***Me voici, Seigneur, je viens faire ta volonté.***

Tu ne voulais ni offrande ni sacrifice,
tu as ouvert mes oreilles ;
tu ne demandais ni holocauste ni victime,
alors j'ai dit : « Voici, je viens. ℟

Dans le livre, est écrit pour moi
ce que tu veux que je fasse.
Mon Dieu, voilà ce que j'aime :
ta loi me tient aux entrailles. » ℟

J'annonce la justice
dans la grande assemblée ;
vois, je ne retiens pas mes lèvres,
Seigneur, tu le sais. ℟

Mais tu seras l'allégresse et la joie
de tous ceux qui te cherchent ;
toujours ils rediront :
« Le Seigneur est grand ! »
ceux qui aiment ton salut. ℟

Acclamation de l'Évangile

Alléluia. Alléluia. Notre Sauveur, le Christ Jésus, a détruit la mort ; il a fait resplendir la vie par l'Évangile. ***Alléluia.***

Évangile de Jésus Christ

selon saint Marc (3, 7-12)

« Les esprits impurs criaient : "Toi, tu es le Fils de Dieu !" Mais il leur défendait vivement de le faire connaître »

En ce temps-là, Jésus se retira avec ses disciples près de la mer, et une grande multitude de gens, venus de la Galilée, le suivirent. De Judée, de Jérusalem, d'Idumée, de Transjordanie, et de la région de Tyr et de Sidon vinrent aussi à lui une multitude de gens qui avaient entendu parler de ce qu'il faisait. Il dit à ses disciples de tenir une barque à sa disposition pour que la foule ne l'écrase pas. Car il avait fait beaucoup de guérisons, si bien que tous ceux qui souffraient de quelque mal se précipitaient sur lui pour le toucher. Et lorsque les esprits impurs le voyaient, ils se jetaient à ses pieds et criaient : « Toi, tu es le Fils de Dieu ! » Mais il leur défendait vivement de le faire connaître.

Prière sur les offrandes

Seigneur Dieu, ce qui est offert en l'honneur de ton nom, c'est toi qui le donnes, et tu reconnais dans ces offrandes notre attachement à ton service ; nous implorons ta bonté : que ta largesse, d'où vient notre mérite, contribue à notre récompense éternelle. Par le Christ, notre Seigneur. — ***Amen.***

Antienne de la communion

Je chanterai le Seigneur
pour le bien qu'il m'a fait ; je fêterai
le nom du Seigneur, le Très-Haut.
(cf. Ps 12, 6 ; 9a, 3)

OU

Je suis avec vous tous les jours jusqu'à la fin du monde, dit le Seigneur.
(Mt 28, 20)

Prière après la communion

Tu nous as rassasiés, Seigneur, par ce don qui nous sauve, et nous implorons ta miséricorde : par ce même sacrement qui nous fortifie en cette vie, rends-nous, dans ta bonté, participants de la vie éternelle. Par le Christ, notre Seigneur. — ***Amen.***

INVITATION

Je peux relire dans l'évangile d'aujourd'hui les régions citées en ayant au cœur les peuples d'Israël, de Palestine, du Liban…

COMMENTAIRE

Saisir ou se laisser saisir ? Marc 3, 7-12

Il a beau vouloir se retirer, Jésus ne peut échapper à ceux qui sont en attente de guérison. S'il se laisse toucher, il ne se laisse pourtant pas prendre au jeu du pouvoir et du succès. Il se tient à distance et fait taire « les esprits impurs » qui l'enferment dans une identité tenue d'un savoir, non d'une rencontre. La distance et le silence sont nécessaires pour se laisser saisir par le Christ sans se l'approprier. ■

***Colette Hamza**, xavière*

✻ CLÉ DE LECTURE

« Grand prêtre » Hébreux 7, 26 *(p. 161)*

S'adressant à des chrétiens venus du judaïsme qui s'interrogeaient sur le rôle du culte et du Temple déjà détruit par les Romains, l'auteur veut montrer que ce culte a été définitivement accompli, mené à sa perfection en Jésus Christ. Le culte servait à rétablir le lien entre le peuple et Dieu, une alliance offerte par Dieu que les humains ne cessent de défaire en choisissant le mensonge et la violence. Or, le Christ est en lui-même le lien le plus intime qui soit entre l'humain et Dieu. Dès lors l'auteur voit en lui le grand prêtre parfait qui a rétabli définitivement l'Alliance entre Dieu et les hommes par sa fidélité sans faille au Père jusque dans sa mort. Après lui, plus aucun culte n'est nécessaire, l'action de grâce peut seule monter vers Dieu. ■

***Roselyne Dupont-Roc**, bibliste*

L'Église : communauté de croyants

Propositions de lectures

Isaïe 2, 2-4
Psaume 132 (133)
Éphésiens 4, 1-6

Prière

Dieu du ciel et de la terre,
ton Fils Jésus Christ t'a révélé comme notre Père
et nous a promis le don de l'Esprit Saint :
fais que ton Église surmonte le scandale de nos divisions,
afin que nous puissions rendre témoignage
de ta vie de communion,
dans l'unité de notre profession de foi
et dans l'amour du service mutuel.
Par le Christ, notre Seigneur.
Amen.

Plus d'informations : unitedeschretiens.fr

VENDREDI 24 JANVIER 2025

2E SEMAINE DU TEMPS ORDINAIRE COULEUR LITURGIQUE : BLANC

Saint François de Sales

1567-1622. L'un des grands esprits de son temps : évêque de Genève-Annecy, prédicateur, écrivain, cofondateur de l'ordre de la Visitation. Docteur de l'Église depuis 1877.

Antienne d'ouverture

Je m'occuperai de mes brebis, je veillerai sur elles, dit le Seigneur, je susciterai à leur tête un seul berger. Moi, le Seigneur, je serai leur Dieu. (cf. Ez 34, 11.23-24)

OU

Voici l'intendant fidèle et avisé que le maître a établi sur sa maison, pour donner à chacun, en temps voulu, sa part de blé. (cf. Lc 12, 42)

Prière

Seigneur Dieu, pour le salut des âmes, tu as voulu que l'évêque saint François de Sales devienne le serviteur de tous en toutes choses ; dans ta bonté, accorde-nous, à son exemple, de manifester toujours ta douce charité dans le service fraternel. Par Jésus… ***— Amen.***

19 - 25

Lecture

de la lettre aux Hébreux (8, 6-13)

« Il est médiateur d'une alliance meilleure »

Frères, le service qui revient à notre grand prêtre se distingue d'autant plus que lui est médiateur d'une alliance meilleure, reposant sur de meilleures promesses. En effet, si la première Alliance avait été irréprochable, il n'y aurait pas eu lieu d'en chercher une deuxième. Or, c'est bien un reproche que Dieu fait à son peuple quand il dit : *Voici venir des jours, dit le Seigneur, où je conclurai avec la maison d'Israël et avec la maison de Juda une alliance nouvelle. Ce ne sera pas comme l'Alliance que j'ai faite avec leurs pères, le jour où je les ai pris par la main pour les faire sortir du pays d'Égypte : eux ne sont pas restés dans mon Alliance; alors moi, je les ai délaissés, dit le Seigneur. Mais voici quelle sera l'Alliance que j'établirai avec la maison d'Israël quand ces jours-là seront passés, dit le Seigneur. Quand je leur donnerai mes lois, je les inscrirai dans leur pensée et sur leurs cœurs. Je serai leur Dieu, et ils seront mon peuple. Ils n'auront plus à instruire chacun son concitoyen ni chacun son frère en disant : « Apprends à connaître le Seigneur ! » Car tous me connaîtront, des plus petits jusqu'aux plus grands. Je serai indulgent pour leurs fautes, je ne me rappellerai plus leurs péchés.* En parlant d'Alliance nouvelle, Dieu a rendu ancienne la première; or ce qui devient ancien et qui vieillit est près de disparaître. – Parole du Seigneur.

Psaume 84 (85)

℟ ***Amour et vérité se rencontrent.***

Fais-nous voir, Seigneur, ton amour,
et donne-nous ton salut.
Ton salut est proche
de ceux qui te craignent,
et la gloire habitera notre terre. ℟

Amour et vérité se rencontrent,
justice et paix s'embrassent ;
la vérité germera de la terre
et du ciel se penchera la justice. ℟

Le Seigneur donnera ses bienfaits,
et notre terre donnera son fruit.

La justice marchera devant lui,
et ses pas traceront le chemin. ℟

Acclamation de l'Évangile

Alléluia. Alléluia. Dans le Christ, Dieu réconciliait le monde avec lui : il a mis dans notre bouche la parole de la réconciliation. ***Alléluia.***

Évangile de Jésus Christ

selon saint Marc (3, 13-19)

« Jésus appela ceux qu'il voulait pour qu'ils soient avec lui »

En ce temps-là, Jésus gravit la montagne, et il appela ceux qu'il voulait. Ils vinrent auprès de lui, et il en institua douze* pour qu'ils soient avec lui et pour les envoyer proclamer la Bonne Nouvelle avec le pouvoir d'expulser les démons. Donc, il établit les Douze : Pierre – c'est le nom qu'il donna à Simon –, Jacques, fils de Zébédée, et Jean, le frère de Jacques – il leur donna le nom de « Boanergués », c'est-à-dire : « Fils du tonnerre » –, André, Philippe, Barthélemy, Matthieu, Thomas, Jacques, fils d'Alphée, Thaddée, Simon le Zélote, et Judas Iscariote, celui-là même qui le livra.

Prière sur les offrandes

Nous t'offrons, Seigneur, le sacrifice qui nous sauve : par lui, embrase-nous du feu de l'Esprit Saint qui brûlait admirablement le cœur très doux de saint François. Par le Christ, notre Seigneur. – ***Amen.***

Antienne de la communion

Ce n'est pas vous qui m'avez choisi,
dit le Seigneur, c'est moi qui vous ai
choisis et établis, afin que vous alliez,
que vous portiez du fruit,
et que votre fruit demeure.
(cf. Jn 15, 16)

OU

Heureux ce serviteur que le maître,
quand il arrivera et frappera
à la porte, trouvera en train de veiller.
(cf. Lc 12, 36-37)

Prière après la communion

Par le sacrement que nous avons reçu, accorde-nous, Dieu tout-puissant, d'imiter sur la terre la douceur et la charité de saint François, pour obtenir avec lui la gloire du ciel. Par le Christ, notre Seigneur. — ***Amen.***

INVITATION

En cette fête de François de Sales, saint patron des journalistes,
je prie pour que ceux-ci soient au service de la vérité.

COMMENTAIRE

Appelés

Marc 3, 13-19

L'appel par Jésus des Douze est un moment solennel. Et ils viennent l'un après l'autre à l'appel de leur nom. Dans la prière, égrenons-les, ces noms d'hommes quelconques, divers, improbables. Ils sont douze, c'est-à-dire tout le peuple, et nous en sommes, appelés ici pour une mission : être avec lui, dans une intimité qui donne l'assurance de proclamer cette Bonne Nouvelle et met hors-jeu tous les démons. ■

Colette Hamza, xavière

✲ CLÉ DE LECTURE

« Douze »

Marc 3, 14 *(p. 169)*

Certains manuscrits ajoutent ici « qu'il a aussi nommé apôtres », rapprochant le texte de ceux de Luc et Matthieu. Selon Matthieu (cf. Mt 19, 28), Jésus a appelé ces douze hommes pour représenter les douze tribus d'Israël, le peuple réuni, restauré par Dieu dans sa fidélité. Mais le mot « apôtre » est un nom commun qui désigne l'envoyé, porteur d'un sauf-conduit. Paul de Tarse se présentera comme l'un des premiers « apôtres », envoyés auprès du monde païen, avec bien d'autres, hommes et femmes. Plus tard, Luc, l'auteur des Actes des Apôtres, fera du nom « apôtre » un titre qu'il attribuera alors aux Douze, comme témoins d'une expérience unique, la vie commune avec Jésus de Nazareth. Mais chaque chrétien peut, à la suite de Paul, se reconnaître apôtre ! ■

Roselyne Dupont-Roc, bibliste

Le baptême dans la mort et la résurrection du Seigneur

Propositions de lectures

Michée 7, 18-19
Psaume 50 (51), 1.7.10.12
Matthieu 28, 16-20

Prière

Dieu notre Père, nous te louons et bénissons ton nom.
Accepte notre action de grâce pour l'unité que vivent déjà les chrétiens en confessant que Jésus est Seigneur.
Nous t'en supplions, hâte le jour de la pleine reconnaissance mutuelle de nos Églises dans la communion que tu désires, et pour laquelle ton Fils a prié.
Nous te le demandons dans la puissance de l'Esprit Saint.
Amen.

Plus d'informations : unitedeschretiens.fr

SAMEDI 25 JANVIER 2025

COULEUR LITURGIQUE : BLANC

La conversion de saint Paul

Sur la route de Damas, le Christ ressuscité se révèle à Saul, intransigeant défenseur de la tradition hébraïque, et le change en l'apôtre Paul, qui portera le message chrétien hors des milieux juifs.

Antienne d'ouverture

Je sais en qui j'ai cru ; et j'ai la conviction qu'il est assez puissant
pour sauvegarder, jusqu'au jour de sa venue
le dépôt de la foi qu'il m'a confié, lui, le juste juge. (cf. 2 Tm 1, 12 ; 4, 8)

Gloire à Dieu *(p. 224)*

Prière

Seigneur Dieu, tu as instruit le monde entier par la prédication du bienheureux apôtre Paul dont nous célébrons aujourd'hui la conversion ; accorde-nous d'aller vers toi en suivant les exemples qu'il nous donne, et d'être ainsi pour le monde les témoins de ta vérité. Par Jésus… ***— Amen.***

Lectures propres à la fête de la conversion de saint Paul.

19 - 25

Lecture

du livre des Actes des Apôtres (22, 3-16)

« Lève-toi et reçois le baptême, sois lavé de tes péchés en invoquant le nom de Jésus »

En ces jours-là, Paul dit au peuple : « Je suis juif, né à Tarse en Cilicie, mais élevé ici dans cette ville, où, à l'école de Gamaliel, j'ai reçu une éducation strictement conforme à la Loi de nos pères ; j'avais pour Dieu une

ardeur jalouse, comme vous tous aujourd'hui. J'ai persécuté à mort ceux qui suivent le Chemin du Seigneur Jésus; j'arrêtais hommes et femmes, et les jetais en prison; le grand prêtre et tout le collège des anciens peuvent en témoigner. Ces derniers m'avaient donné des lettres pour nos frères de Damas où je me rendais : je devais ramener à Jérusalem, ceux de là-bas, enchaînés, pour qu'ils subissent leur châtiment. Donc, comme j'étais en route et que j'approchais de Damas, soudain vers midi, une grande lumière venant du ciel m'enveloppa de sa clarté. Je tombai sur le sol, et j'entendis une voix me dire : "Saul, Saul, pourquoi me persécuter ?" Et moi je répondis : "Qui es-tu, Seigneur ? – Je suis Jésus le Nazaréen, celui que tu persécutes." Ceux qui étaient avec moi virent la lumière, mais n'entendirent pas la voix de celui qui me parlait. Alors je dis : "Que dois-je faire, Seigneur ?" Le Seigneur me répondit : "Relève-toi, va jusqu'à Damas, et là on te dira tout ce qu'il t'est prescrit de faire." Comme je n'y voyais plus rien, à cause de l'éclat de cette lumière, je me rendis à Damas, conduit par la main de mes compagnons. Or, Ananie, un homme religieux selon la Loi, à qui tous les Juifs résidant là rendaient un bon témoignage, vint se placer près de moi et me dit : "Saul, mon frère, retrouve la vue." Et moi, au même instant, je retrouvai la vue, et je le vis. Il me dit encore : "Le Dieu de nos pères t'a destiné à connaître sa volonté, à voir celui qui est le Juste et à entendre la voix qui sort de sa bouche. Car tu seras pour lui, devant tous les hommes, le témoin de ce que tu as vu et entendu. Et maintenant, pourquoi tarder ? Lève-toi et reçois le baptême, sois lavé de tes péchés en invoquant son nom." »
– Parole du Seigneur.

On peut aussi lire Actes 9, 1-22.

Psaume 116 (117)

℟ ***Allez dans le monde entier. Proclamez l'Évangile.***

OU

Alléluia !

Louez le Seigneur, tous les peuples ;
fêtez-le, tous les pays ! ℟

Son amour envers nous s'est montré le plus fort ;
éternelle est la fidélité du Seigneur ! ℟

Acclamation de l'Évangile

Alléluia. Alléluia. C'est moi qui vous ai choisis du milieu du monde, afin que vous alliez, que vous portiez du fruit, et que votre fruit demeure, dit le Seigneur. ***Alléluia.***

Évangile de Jésus Christ

selon saint Marc (16, 15-18)

« Allez dans le monde entier, proclamez l'Évangile »

En ce temps-là, Jésus ressuscité se manifesta aux onze Apôtres et leur dit : « Allez dans le monde entier. Proclamez l'Évangile à toute la création. Celui qui croira et sera baptisé sera sauvé ; celui qui refusera de croire sera condamné. Voici les signes qui accompagneront ceux qui deviendront croyants : en mon nom, ils expulseront les démons ; ils parleront en langues nouvelles ; ils prendront des serpents dans leurs mains et, s'ils boivent un poison mortel, il ne leur fera pas de mal ; ils imposeront les mains aux malades, et les malades s'en trouveront bien. »

Prière sur les offrandes

Tandis que nous célébrons tes mystères, Seigneur, que ton Esprit Saint répande sur nous la lumière de la foi, dont il n'a cessé d'éclairer le bienheureux apôtre Paul, pour que rayonne ta gloire. Par le Christ, notre Seigneur. ***— Amen.***

Prière eucharistique

(1re préface des Apôtres)

Vraiment, il est juste et bon, pour ta gloire et notre salut, de t'offrir notre action de grâce, toujours et en tout lieu, Seigneur, Père très saint, Dieu éternel et tout-puissant. Tu n'abandonnes pas ton troupeau, Pasteur éternel, mais tu le gardes par les bienheureux Apôtres sous ta constante protection, pour qu'il soit dirigé par ceux-là mêmes que tu as établis à sa tête comme pasteurs au nom de ton Fils. C'est pourquoi, avec les anges et les archanges, avec les puissances d'en haut et tous les esprits bienheureux, nous chantons l'hymne de ta gloire et sans fin nous proclamons : ***Saint ! Saint ! Saint…***

Antienne de la communion

Je vis dans la foi au Fils de Dieu
qui m'a aimé et s'est livré lui-même
pour moi. (cf. Ga 2, 20)

Prière après la communion

Seigneur notre Dieu, que le sacrement reçu attise en nous le feu de la charité dont l'ardeur enflammait le bienheureux apôtre Paul et lui faisait porter le souci de toutes les Églises. Par le Christ, notre Seigneur. ***— Amen.***

INVITATION

Demain, c'est le dimanche de la Parole. Et si je lisais – ou relisais – l'évangile selon saint Luc en entier ?

COMMENTAIRE

Aveuglé Actes 22, 3-16

Paul, Juif zélé, sert Dieu dans la fidélité à la Torah. Cela explique sa persécution des disciples de Jésus. Il est renversé dans ce combat qu'il croit conforme au dessein de Dieu. Conduit par d'autres, il va recouvrer l'usage de ses yeux, qui avaient été aveuglés par l'éblouissante clarté du Christ : le don de Dieu à son peuple est sans repentance mais mené par le Christ à son accomplissement pour les nations. C'est la vocation de Paul d'en témoigner. ■

Colette Hamza, xavière

L'attente du Royaume et de la vie à venir

Propositions de lectures

Apocalypse 21, 1-4
Psaume 84 (85), 8.10-12
Luc 12, 35-40

Prière

Seigneur, hâte la venue de ton grand et glorieux jour !
Dans nos ténèbres, beaucoup d'hommes et de femmes
n'osent plus espérer. Protège la flamme de la foi
dans le cœur de ceux qui sont faibles et qui souffrent.
Que l'Église soit un messager fidèle
de la victoire du Christ, ton Fils, sur la mort,
et un flambeau portant l'attente de son retour dans la gloire.
Il est le Vivant, avec toi et le Saint-Esprit,
maintenant et pour les siècles des siècles.
Amen.

Plus d'informations : unitedeschretiens.fr

DIMANCHE 26 JANVIER 2025

3E DIMANCHE DU TEMPS ORDINAIRE

ANNÉE C – COULEUR LITURGIQUE : VERT

« Aujourd'hui s'accomplit ce passage de l'Écriture que vous venez d'entendre. » La parole de Dieu redonne vie, elle réjouit le cœur et clarifie le regard. La Bible est un trésor offert à toute l'humanité. En ce dimanche, écoutons avec amour la Parole qui s'accomplit dans le Christ. Soyons attentifs ! L'Esprit du Seigneur frappe à la porte de notre cœur.

RITES INITIAUX

Chant d'entrée *(Suggestions p. 252)*
OU
Antienne d'ouverture
Chantez au Seigneur un chant nouveau, chantez au Seigneur, terre entière. Devant lui, splendeur et majesté, dans son sanctuaire, puissance et beauté. (Ps 95, 1.6)

Suggestion de préparation pénitentielle *(ou p. 222)*
Le Christ est venu accomplir toutes les Écritures. À l'écoute de sa Parole, ouvrons nos yeux et reconnaissons que nous sommes pécheurs.

Seigneur Jésus, Bonne Nouvelle pour les pauvres, prends pitié de nous.
— Prends pitié de nous.
Ô Christ, libérateur des captifs et sauveur des opprimés, prends pitié de nous.
— Prends pitié de nous.
Seigneur, Parole éternelle du Père, prends pitié de nous.
— Prends pitié de nous.

Que Dieu tout-puissant nous fasse miséricorde ; qu'il nous pardonne nos péchés et nous conduise à la vie éternelle. ***— Amen.***

Gloire à Dieu *(p. 224)*

Prière

Dieu éternel et tout-puissant, dans ta bienveillance, dirige nos actions, afin qu'au nom de ton Fils bien-aimé, nous portions des fruits en abondance. Par Jésus… — ***Amen.***

LITURGIE DE LA PAROLE

Lecture du livre de Néhémie (8, 2-4a.5-6.8-10)

« Tout le peuple écoutait la lecture de la Loi »

En ces jours-là, le prêtre Esdras apporta le livre de la Loi en présence de l'assemblée, composée des hommes, des femmes, et de tous les enfants en âge de comprendre. C'était le premier jour du septième mois. Esdras, tourné vers la place de la porte des Eaux, fit la lecture dans le livre, depuis le lever du jour jusqu'à midi, en présence des hommes, des femmes, et de tous les enfants en âge de comprendre : tout le peuple écoutait la lecture de la Loi. Le scribe Esdras se tenait sur une tribune de bois, construite tout exprès. Esdras ouvrit le livre ; tout le peuple le voyait, car il dominait l'assemblée. Quand il ouvrit le livre, tout le monde se mit debout. Alors Esdras bénit le Seigneur, le Dieu très grand, et tout le peuple, levant les mains, répondit : « Amen ! Amen ! » Puis ils s'inclinèrent et se prosternèrent devant le Seigneur, le visage contre terre. Esdras lisait un passage dans le livre de la loi de Dieu, puis les Lévites traduisaient, donnaient le sens, et l'on pouvait comprendre. Néhémie

le gouverneur, Esdras qui était prêtre et scribe, et les Lévites qui donnaient les explications, dirent à tout le peuple : « Ce jour est consacré au Seigneur votre Dieu ! Ne prenez pas le deuil, ne pleurez pas ! » Car ils pleuraient tous en entendant les paroles de la Loi. Esdras leur dit encore : « Allez, mangez des viandes savoureuses, buvez des boissons aromatisées, et envoyez une part à celui qui n'a rien de prêt. Car ce jour est consacré à notre Dieu ! Ne vous affligez pas : la joie du Seigneur est votre rempart ! » – Parole du Seigneur.

Psaume 18B (19)

℟ ***Tes paroles, Seigneur, sont esprit et elles sont vie.***

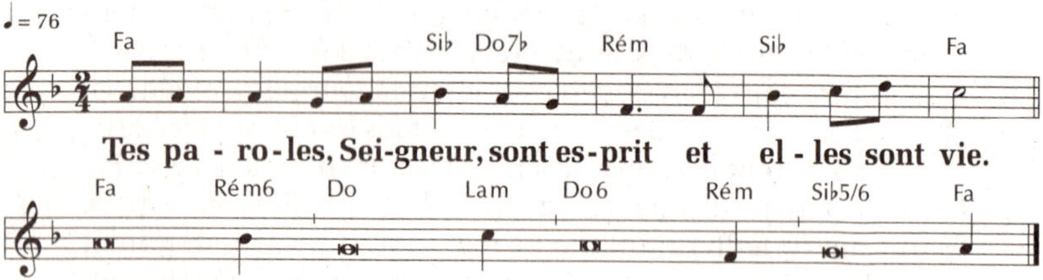

T. : AELF; M. : J.-P. Lécot; Éd. : ADF.

La loi du Seigneur est parfaite,
qui redonne vie ;
la charte du Seigneur est sûre,
qui rend sages les simples. ℟

Les préceptes du Seigneur sont droits,
ils réjouissent le cœur ;
le commandement du Seigneur est limpide,
il clarifie le regard. ℟

La crainte qu'il inspire est pure,
elle est là pour toujours ;
les décisions du Seigneur sont justes
et vraiment équitables. ℟

Retrouvez ce psaume sur le CD "Les psaumes de l'année C"

Accueille les paroles de ma bouche,
le murmure de mon cœur ;
qu'ils parviennent devant toi,
Seigneur, mon rocher, mon défenseur ! ℟

Lecture de la première lettre de saint Paul apôtre aux Corinthiens (12, 12-30)

(Lecture brève : 1 Co 12, 12-14.27)

« Vous êtes corps du Christ et, chacun pour votre part, vous êtes membres de ce corps »

Frères, prenons une comparaison : le corps ne fait qu'un, il a pourtant plusieurs membres ; et tous les membres, malgré leur nombre, ne forment qu'un seul corps. Il en est ainsi pour le Christ. C'est dans un unique Esprit, en effet, que nous tous, Juifs

ou païens, esclaves ou hommes libres, nous avons été baptisés pour former un seul corps. Tous, nous avons été désaltérés par un unique Esprit. Le corps humain se compose non pas d'un seul, mais de plusieurs membres.

Interruption de la lecture brève

Le pied aurait beau dire : « Je ne suis pas la main, donc je ne fais pas partie du corps », il fait cependant partie du corps. L'oreille aurait beau dire : « Je ne suis pas l'œil, donc je ne fais pas partie du corps », elle fait cependant partie du corps. Si, dans le corps, il n'y avait que les yeux, comment pourrait-on entendre ? S'il n'y avait que les oreilles, comment pourrait-on sentir les odeurs ? Mais, dans le corps, Dieu a disposé les différents membres comme il l'a voulu. S'il n'y avait en tout qu'un seul membre, comment cela ferait-il un corps ? En fait, il y a plusieurs membres, et un seul corps. L'œil ne peut pas dire à la main : « Je n'ai pas besoin de toi » ; la tête ne peut pas dire aux pieds : « Je n'ai pas besoin de vous. » Bien plus, les parties du corps qui paraissent les plus délicates sont indispensables. Et celles qui passent pour moins honorables, ce sont elles que nous traitons avec plus d'honneur ; celles qui sont moins décentes, nous les traitons plus décemment ; pour celles qui sont décentes, ce n'est pas nécessaire. Mais en organisant le corps, Dieu a accordé plus d'honneur à ce qui en est dépourvu. Il a voulu ainsi qu'il n'y ait pas de division dans le corps, mais que les différents membres aient tous le souci les uns des autres. Si un seul membre souffre, tous les membres partagent sa souffrance ; si un membre est à l'honneur, tous partagent sa joie.

Reprise de la lecture brève

Or, vous êtes corps du Christ et, chacun pour votre part, vous êtes membres de ce corps.

Fin de la lecture brève

Parmi ceux que Dieu a placés ainsi dans l'Église, il y a premièrement des apôtres, deuxièmement des prophètes, troisièmement ceux qui ont charge d'enseigner ; ensuite, il y a les miracles, puis les dons de guérison, d'assistance, de gouvernement, le don de parler diverses langues mystérieuses. Tout le monde évidemment n'est pas apôtre, tout le monde n'est pas prophète, ni chargé d'enseigner ; tout le monde n'a pas à faire des miracles, à guérir, à dire des paroles mystérieuses, ou à les interpréter.

– Parole du Seigneur.

Acclamation de l'Évangile

Alléluia. Alléluia. Le Seigneur m'a envoyé porter la Bonne Nouvelle aux pauvres, annoncer aux captifs leur libération. ***Alléluia.***

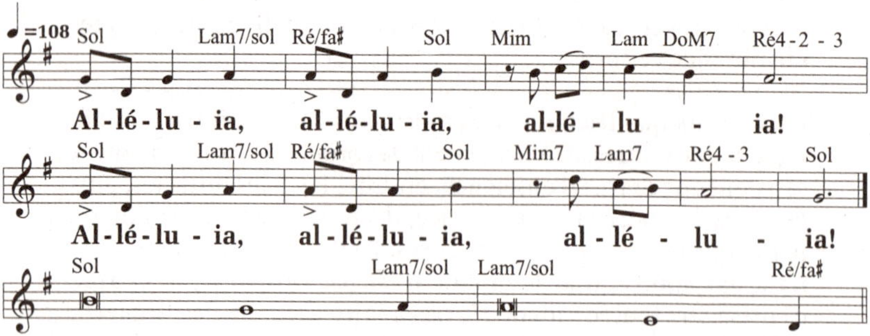

U 77-00; T. : AELF; M. : P. Robert.

Évangile de Jésus Christ selon saint Luc (1, 1-4; 4, 14-21)

« Aujourd'hui s'accomplit ce passage de l'Écriture »

Beaucoup ont entrepris de composer un récit des événements qui se sont accomplis parmi nous, d'après ce que nous ont transmis ceux qui, dès le commencement, furent témoins oculaires et serviteurs de la Parole. C'est pourquoi j'ai décidé, moi aussi, après avoir recueilli avec précision des informations concernant tout ce qui s'est passé depuis le début, d'écrire pour toi, excellent

Théophile, un exposé suivi, afin que tu te rendes bien compte de la solidité des enseignements que tu as entendus.
En ce temps-là, lorsque Jésus, dans la puissance de l'Esprit, revint en Galilée, sa renommée se répandit dans toute la région. Il enseignait dans les synagogues, et tout le monde faisait son éloge. Il vint à Nazareth, où il avait été élevé. Selon son habitude, il entra dans la synagogue le jour du sabbat, et il se leva pour faire la lecture. On lui remit le livre du prophète Isaïe. Il ouvrit le livre et trouva le passage où il est écrit : *L'Esprit du Seigneur est sur moi parce que le Seigneur m'a consacré par l'onction. Il m'a envoyé porter la Bonne Nouvelle aux pauvres, annoncer aux captifs leur libération, et aux aveugles qu'ils retrouveront la vue, remettre en liberté les opprimés, annoncer une année favorable accordée par le Seigneur.*
Jésus referma le livre, le rendit au servant et s'assit. Tous, dans la synagogue, avaient les yeux fixés sur lui. Alors il se mit à leur dire : « Aujourd'hui s'accomplit ce passage de l'Écriture que vous venez d'entendre. »

Homélie

Profession de foi (p. 225)

Suggestion de prière universelle

Le prêtre :

La parole de Dieu accomplit ce qu'elle dit. Confiants dans son action en nos cœurs et dans le monde, présentons à Dieu notre Père toutes nos prières.

℟ ***Seigneur, entends la prière qui monte de nos cœurs.***

E 25 Éditions du Chalet.

Le diacre ou un lecteur :

Vivante, la parole de Dieu est neuve chaque jour. Pour tous les chrétiens, qu'ils apprennent à la lire, à la partager et à la prier en petites communautés de proximité, prions le Seigneur. ℟

Le pape François a institué ce dimanche celui de la Parole. Pour les exégètes, les prédicateurs, les enseignants, les équipes liturgiques, que tous soient au service de la Parole, prions le Seigneur. ℟

Prendre la parole est parfois un défi. Pour les femmes et les hommes qui prennent la parole en public, que leurs discours invitent les peuples à la confiance et au respect, prions le Seigneur. ℟

La parole de Dieu est contagieuse. Pour nous tous rassemblés, que nous devenions porteurs de la Bonne Nouvelle auprès des pauvres, des migrants, des malades, prions le Seigneur. ℟

(Ces intentions seront adaptées ou modifiées selon les circonstances. On peut aussi s'inspirer de l'intention universelle du Saint-Père, p. 6.)

Le prêtre :

Dieu notre Père, ta parole illumine la vie de ceux qui espèrent en toi. Daigne accueillir toutes nos prières, nous te le demandons, par le Christ, notre Seigneur. ***— Amen.***

LITURGIE EUCHARISTIQUE

Prière sur les offrandes

Accueille avec bienveillance nos présents, nous t'en prions, Seigneur : qu'ils soient sanctifiés et servent ainsi à notre salut. Par le Christ, notre Seigneur. ***— Amen.***

Prière eucharistique *(Préface des dimanches, p. 230)*

Chant de communion *(Suggestions p. 252)*

OU

Antienne de la communion

Approchez du Seigneur : resplendissez de sa lumière,
sans ombre ni trouble au visage.
(cf. Ps 33, 6)

OU

Je suis la lumière du monde, dit le Seigneur.
Celui qui me suit ne marchera pas dans les ténèbres :
il aura la lumière de la vie.
(Jn 8, 12)

Prière après la communion

Nous t'en prions, Dieu tout-puissant ; nous recevons de toi la grâce qui fait vivre : fais que nous trouvions toujours notre gloire dans ce que tu nous donnes. Par le Christ, notre Seigneur. — ***Amen.***

RITE DE CONCLUSION

Bénédiction

Envoi

COMMENTAIRE DU DIMANCHE

Luc Forestier, prêtre de l'Oratoire

Des témoins et des paroles

Le début de l'évangile selon saint Luc montre les deux éléments nécessaires à tout accès à la parole de Dieu. Luc cherche à mettre un récit par écrit, et il prend soin de s'informer auprès de témoins. Il y a, à la fois, un support matériel et la rencontre avec des personnes. La parole de Dieu est en même temps un texte écrit et une proclamation publique. Après avoir proclamé un passage du prophète Isaïe, c'est un rouleau que Jésus rend au servant. Mais c'est sa parole vivante qui retentit pour en annoncer l'accomplissement.

À notre tour, nous recevons un texte qui devient Parole dans l'action liturgique. Nous bénéficions de notre cher *Prions en Église* pour nous préparer. Mais c'est quand il est proclamé publiquement que le texte biblique se donne comme Parole vivante. •••

••• Les caractères imprimés deviennent alors des sons que nous entendons grâce au ministère des lectrices et des lecteurs qui donnent leur voix et leur interprétation à ces mots qui, sans leur engagement, resteraient muets dans des livres fermés.
De plus, des générations de commentateurs, femmes et hommes, se sont succédé pour chercher à comprendre ces textes comme une Parole qui vient interroger et nourrir. Il a fallu le ministère de scribes, de traducteurs, d'exégètes, bref, une foule de témoins pour que l'Évangile résonne dans le monde entier. En ce dimanche de la parole de Dieu, nous l'écoutons et nous communions à une foule immense de témoins, dont nous faisons partie.

Comment puis-je être témoin cette semaine d'une Parole vivante ?
Quel commentaire de la Bible vais-je lire en 2025 ? ■

Prions en Église
junior

LIRE L'ÉVANGILE AVEC LES ENFANTS

CE QUE JE DÉCOUVRE

Jésus vient réaliser les paroles du prophète Isaïe. Qu'est-ce que cela veut dire ? Les prophètes sont **des hommes inspirés par Dieu.** Ils rappelaient sans cesse à leur peuple combien il est important d'aimer Dieu et son prochain. Ils annonçaient aussi la venue d'un Messie, qui viendrait porter la Bonne Nouvelle aux pauvres et libérer les opprimés. Ce Sauveur, c'est Jésus. Il est le Messie, il annonce la Bonne Nouvelle, guérit les malades, redonne de l'espoir, apporte de la joie. **Il nous promet la vie éternelle, la vie avec lui pour toujours.**

CE QUE JE VIS

Connais-tu des témoins de la Bonne Nouvelle ? Que font-ils ? Comment peut-on résumer la Bonne Nouvelle annoncée par Jésus ? **Dessine le rouleau de la parole de Dieu, et choisis une parole de la Bible que tu écriras sur ce rouleau.**

Texte : Thibault Van Den Driessche. Illustrations : Marcelino Truong.

26 - 31

MÉDITATION BIBLIQUE

3E DIMANCHE DU TEMPS ORDINAIRE

Livre de Néhémie 8, 2-4a.5-6.8-10

« Ne vous affligez pas ! »

La gratitude est l'état d'esprit qui permet d'accueillir la parole de Dieu à la bonne fréquence.

Le temps de la préparation

« La loi du Seigneur est parfaite, qui redonne vie ; la charte du Seigneur est sûre, qui rend sages les simples. » (Ps 18, 8)

Le temps de l'observation

Le livre de Néhémie décrit un moment fondateur quand un groupe se constitue et s'unifie à l'écoute de la Parole. Tout le monde est présent : hommes, femmes, enfants. Personne n'est donc exclu de la rencontre, personne n'est laissé en dehors. Ils sont réunis, dans un même lieu, pour entendre une parole venue du passé. C'est « la loi de Moïse, que le Seigneur avait prescrite à Israël ». À l'effet que ces propos ont sur le groupe, on comprend qu'il se passe quelque chose. Le texte précise qu'ils comprennent ce qu'ils entendent, qu'elle fait sens. Ils disent qu'ils sont d'accord (« Amen ! ») puis se mettent à pleurer. Leur réaction n'est pas constituée que d'émotions, ce n'est pas qu'un moment de communion collective. Peut-être pleurent-ils car ils ne se sentent pas à la hauteur, parce qu'ils perçoivent le décalage qui s'est creusé avec Dieu. Alors Esdras leur donne un ordre. « Ne vous affligez pas : la joie du Seigneur est votre rempart ! »

Le temps de la méditation

On se serait attendu à autre chose. On aurait pu penser que Néhémie allait profiter du fait qu'il soit touché au cœur pour leur demander d'être plus obéissants envers la parole de Dieu. Mais ce n'est pas ce qu'il fait. Au moment précis où le peuple est en pleurs, Néhémie lui annonce que la joie du Seigneur est son seul rempart. Pour garder la Torah et ne pas s'éloigner de Dieu, le meilleur soutien est de se réjouir de qui est Dieu et de ce qu'il offre. Néhémie demande ensuite à cette communauté de partager un bon repas bien arrosé. Le scribe a compris que la parole de Dieu n'était pas une menace mais une invitation à être heureux du fait que ce monde ait un sens, à se réjouir qu'un créateur accompagne nos existences. La source de cette joie est une reconnaissance, une forme de gratitude pour ce qui est. Le fait d'être conscient de la présence de Dieu est le chemin pour vivre de la parole de Dieu.

Le temps de la prière

« Heureux ceux qui pleurent,
car ils seront consolés. »
(Mt 5, 4) ■

Marie-Laure Durand,
bibliste

29/Janvier

LE SAINT DU MOIS

29 JANVIER : SAINT GILDAS (VERS 494 – VERS 570)

Un prophète celte

Un village, une abbatiale et un livre : s'il ne figure pas parmi les sept saints fondateurs de la Bretagne (n'ayant pas été évêque), saint Gildas n'en a pas moins laissé plusieurs traces majeures. Son souvenir perdure d'abord dans le village du golfe du Morbihan qui a pris son nom : Saint-Gildas-de-Rhuys. Un village qui s'est constitué à partir de l'abbaye que saint Gildas fonda sur cette presqu'île, au milieu du VIe siècle, et dont il fit un centre d'évangélisation très actif. On peut encore visiter aujourd'hui la très belle abbatiale romane de Saint-Gildas-de-Rhuys qui abrite le tombeau-sarcophage du saint. Mais saint Gildas nous a aussi transmis un ouvrage précieux, intitulé « *De excidio Britanniae* » (en français, *De la ruine de la Bretagne*), dans lequel il raconte l'invasion de sa Grande-Bretagne natale (alors appelée Bretagne) par les Anglo-Saxons. Gildas naquit en effet vers l'an 494 en Écosse dans une famille royale de Celtes romanisés et christianisés. Il fit ses études au Pays de Galles, au monastère de Llantwit, sous la direction de saint Illtud. Ayant été ordonné prêtre vers 518, Gildas mena pendant plusieurs années des missions d'évangélisation dans le nord de l'Angleterre et en Irlande. Mais la menace des envahisseurs anglo-saxons devenant de plus en plus forte, il s'en vint en Armorique (actuelle Bretagne), à l'instar d'un grand nombre de ses compatriotes. Dans son ouvrage, il s'en prend avec tristesse et véhémence aux dirigeants et au clergé celtes dont l'incurie et les vices ont facilité l'invasion des Angles et des Saxons. Cette déploration – dont les accents rappellent les prophètes de l'Ancien Testament – a valu à Gildas le surnom de « Jérémie breton ». Au terme de cette existence mouvementée, Gildas rendit son âme à Dieu sur l'île d'Houat, où il avait bâti un ermitage. Loin de la fureur des hommes, il aimait à s'y retrouver seul à seul avec le Seigneur. ■

Xavier Lecœur,
journaliste et historien

UN SAINT POUR AUJOURD'HUI

Comme tant d'autres chrétiens celtes, saint Gildas a vu son univers s'effondrer avec la victoire des Anglo-Saxons païens. Il nous rappelle que l'implantation du christianisme n'est jamais définitivement acquise. À chaque nouvelle génération de la défendre et de la revivifier.

LUNDI 27 JANVIER 2025

3[E] SEMAINE DU TEMPS ORDINAIRE COULEUR LITURGIQUE : VERT

Temps ordinaire, *suggestion d'oraisons et d'antiennes n° 9*
ou **sainte Angèle Merici,** *voir p. 203*

Antienne d'ouverture

Regarde-moi, Seigneur, et prends pitié de moi,
de moi qui suis seul et misérable. Vois ma misère et ma peine,
enlève tous mes péchés, toi, mon Dieu. (cf. Ps 24, 16.18)

Prière

Seigneur Dieu, nous en appelons à ta providence qui, dans ses desseins, jamais ne se trompe, et nous te supplions humblement : tout ce qui fait du mal, écarte-le, donne-nous ce qui pourra nous aider. Par Jésus… — ***Amen.***

Lecture

de la lettre aux Hébreux (9, 15.24-28)

« Il s'est offert une seule fois pour enlever les péchés de la multitude ;
il apparaîtra une seconde fois, pour le salut de ceux qui l'attendent »

Frères, le Christ est le médiateur d'une alliance nouvelle, d'un testament nouveau : puisque sa mort a permis le rachat des transgressions commises sous le premier Testament, ceux qui sont appelés peuvent recevoir l'héritage éternel jadis promis.

Car le Christ n'est pas entré dans un sanctuaire fait de main d'homme, figure du sanctuaire véritable ; il est entré dans le ciel même, afin de se tenir

maintenant pour nous devant la face de Dieu. Il n'a pas à s'offrir lui-même plusieurs fois, comme le grand prêtre qui, tous les ans, entrait dans le sanctuaire en offrant un sang qui n'était pas le sien ; car alors, le Christ aurait dû plusieurs fois souffrir la Passion depuis la fondation du monde. Mais en fait, c'est une fois pour toutes, à la fin des temps, qu'il s'est manifesté pour détruire le péché par son sacrifice*. Et, comme le sort des hommes est de mourir une seule fois et puis d'être jugés, ainsi le Christ s'est-il offert une seule fois pour enlever les péchés de la multitude ; il apparaîtra une seconde fois, non plus à cause du péché, mais pour le salut de ceux qui l'attendent.

– Parole du Seigneur.

Psaume 97 (98)

℟ ***Chantez au Seigneur un chant nouveau, car il a fait des merveilles.***

Chantez au Seigneur un chant nouveau,
car il a fait des merveilles ;
par son bras très saint, par sa main puissante,
il s'est assuré la victoire. ℟

Le Seigneur a fait connaître sa victoire
et révélé sa justice aux nations ;
il s'est rappelé sa fidélité, son amour,
en faveur de la maison d'Israël. ℟

La terre tout entière a vu
la victoire de notre Dieu.
Acclamez le Seigneur, terre entière,
sonnez, chantez, jouez ! ℟

Jouez pour le Seigneur sur la cithare,
sur la cithare et tous les instruments ;
au son de la trompette et du cor,
acclamez votre roi, le Seigneur ! ℟

Acclamation de l'Évangile

Alléluia. Alléluia. Notre Sauveur, le Christ Jésus, a détruit la mort ; il a fait resplendir la vie par l'Évangile. ***Alléluia.***

Évangile de Jésus Christ

selon saint Marc (3, 22-30)

« C'en est fini de Satan »

En ce temps-là, les scribes, qui étaient descendus de Jérusalem, disaient : « Ce Jésus est possédé par Béelzéboul ; c'est par le chef des démons qu'il expulse les démons. »
Les appelant près de lui, Jésus leur dit en parabole : « Comment Satan peut-il expulser Satan ? Si un royaume est divisé contre lui-même, ce royaume ne peut pas tenir. Si les gens d'une même maison se divisent entre eux, ces gens ne pourront pas tenir. Si Satan s'est dressé contre lui-même, s'il est divisé, il ne peut pas tenir ; c'en est fini de lui. Mais personne ne peut entrer dans la maison d'un homme fort et piller ses biens, s'il ne l'a d'abord ligoté. Alors seulement il pillera sa maison.
« Amen, je vous le dis : Tout sera pardonné aux enfants des hommes : leurs péchés et les blasphèmes qu'ils auront proférés. Mais si quelqu'un blasphème contre l'Esprit Saint, il n'aura jamais de pardon. Il est coupable d'un péché pour toujours. » Jésus parla ainsi parce qu'ils avaient dit : « Il est possédé par un esprit impur. »

Prière sur les offrandes

Confiants dans ta tendresse, Seigneur, nous approchons de ton autel avec respect en apportant nos présents ; puissions-nous, par un effet de ta grâce qui nous purifie, être renouvelés par ces mystères que nous célébrons. Par le Christ, notre Seigneur. ***— Amen.***

Antienne de la communion

J'ai crié vers toi,
Dieu qui m'as exaucé :
incline ton oreille,
entends ce que je dis. (cf. Ps 16, 6)
OU
Amen, je vous le dis :
tout ce que vous demandez
dans la prière, croyez que vous l'avez
obtenu, et cela vous sera accordé,
dit le Seigneur. (Mc 11, 23.24)

Prière après la communion

Guide-nous par ton Esprit, nous t'en prions, Seigneur, toi qui nous as nourris du corps et du sang de ton Fils : accorde-nous de te rendre témoignage, non seulement en paroles et par des discours, mais aussi en actes et en vérité, pour mériter d'entrer dans le royaume des Cieux. Par le Christ, notre Seigneur. ***— Amen.***

INVITATION

Je m'interroge sur mon mode de vie. À quelle conversion suis-je appelé ?

COMMENTAIRE

Briser le verrou

Marc 3, 22-30

Jésus expulse les démons ; les scribes y voient l'œuvre du Malin. Enfermés dans leurs raisonnements étroits et leurs logiques fallacieuses, ils sont devenus incapables de voir le bien à l'œuvre. Alors Jésus s'emporte, vivement, avec excès même : il lui faut briser le verrou des fausses certitudes. Car accueillir le Royaume, c'est toujours s'ouvrir à l'imprévu d'un Dieu qui nous déconcerte, nous bouscule, nous rabroue, mais surtout d'un Dieu qui nous libère. ■

***Bertrand Lesoing**, prêtre de la communauté Saint-Martin*

✻ CLÉ DE LECTURE

« Son sacrifice »

Hébreux 9, 26 *(p. 199)*

Dans son désir de montrer que l'Alliance offerte par Dieu à son peuple est définitivement accomplie par le Christ Jésus, l'auteur de la lettre s'enferme dans une vision sacrificielle de la mort de Jésus, comme si la mort sur la Croix était un nouveau et définitif kippour (acte sacrificiel offert à Dieu pour le rendre favorable). Une vision qui convenait à ses auditeurs venus du judaïsme. Mais il faut équilibrer ses affirmations par ce qu'il dira lui-même plus loin : la foi, qui accompagne et ajuste à Dieu ceux qui l'implorent est d'abord la fidélité sans faille de Dieu à son alliance et à sa volonté de bénédiction. Plus encore que la purification des péchés, Jésus, en livrant sa vie à ses ennemis, révèle un Dieu qui se donne jusqu'au bout et pardonne dans son amour aux plus éloignés et aux plus indignes. ■

***Roselyne Dupont-Roc**, bibliste*

Sainte Angèle Merici

Couleur liturgique : blanc

1470-1540. Tertiaire de saint François, elle fonda à la fin de sa vie la Compagnie de Sainte-Ursule (Ursulines), un institut de vierges consacrées vivant dans le monde.

Antienne d'ouverture

Voici la vierge sage,
elle est au nombre des jeunes filles
prévoyantes ; sa lampe allumée,
elle est sortie à la rencontre du Christ.

Prière

Que la prière de sainte Angèle, vierge bienheureuse, nous recommande sans cesse à ta bonté, Seigneur, pour que, dociles à ses exemples de prudence et de charité, nous puissions être fidèles à ton enseignement et en témoigner dans toute notre vie. Par Jésus…
— Amen.

Prière sur les offrandes

Nous proclamons tes merveilles, accomplies en la bienheureuse vierge, sainte Angèle Merici, Seigneur, Dieu de majesté, et nous te supplions humblement : toi qui appréciais les mérites de sa vie, accepte l'hommage de notre service. Par le Christ, notre Seigneur.
— Amen.

Antienne de la communion

Voici l'Époux qui vient !
Sortez à la rencontre du Christ,
le Seigneur. (cf. Mt 25, 6)

Prière après la communion

En participant au don que tu nous as fait, Seigneur notre Dieu, nous avons renouvelé nos forces, et nous te supplions encore : qu'à l'exemple de sainte Angèle Merici, portant dans notre corps la mort de Jésus, nous cherchions à nous attacher à toi seul. Par le Christ, notre Seigneur. ***— Amen.***

MARDI 28 JANVIER 2025

3e SEMAINE DU TEMPS ORDINAIRE COULEUR LITURGIQUE : BLANC

Saint Thomas d'Aquin

1225-1274. Dominicain, professeur en France et en Italie. Son œuvre monumentale et audacieuse a renouvelé la philosophie et la théologie de son temps

Antienne d'ouverture

Ceux qui ont l'intelligence resplendiront comme la splendeur du firmament, et ceux qui sont des maîtres de justice pour la multitude brilleront comme les étoiles pour toujours et à jamais. (cf. Dn 12, 3)

OU

Les peuples raconteront la sagesse des saints, l'Église proclamera leurs louanges, et leur nom reste vivant pour toutes les générations. (cf. Si 44, 15.14)

Prière

Seigneur Dieu, tu as fait de saint Thomas d'Aquin un modèle admirable par son désir ardent de sainteté et l'étude de la science sacrée ; accorde-nous de contempler par l'intelligence ce qu'il a enseigné et d'accomplir ce qu'il a lui-même pratiqué. Par Jésus… ***— Amen.***

Lecture

de la lettre aux Hébreux (10, 1-10)

« Me voici, je suis venu, mon Dieu, pour faire ta volonté »

Frères, la loi de Moïse ne présente que l'ébauche des biens à venir, et non pas l'expression même des réalités. Elle n'est donc jamais capable, par ses sacrifices qui sont toujours les mêmes, offerts indéfiniment

chaque année, de mener à la perfection ceux qui viennent y prendre part. Si ce culte les avait purifiés une fois pour toutes, ils n'auraient plus aucun péché sur la conscience et, dans ce cas, n'aurait-on pas cessé d'offrir les sacrifices ? Mais ceux-ci, au contraire, comportent chaque année un rappel des péchés. Il est impossible, en effet, que du sang de taureaux et de boucs enlève les péchés.

Aussi, en entrant dans le monde, le Christ dit : *Tu n'as voulu ni sacrifice ni offrande, mais tu m'as formé un corps. Tu n'as pas agréé les holocaustes ni les sacrifices pour le péché ; alors, j'ai dit : Me voici, je suis venu, mon Dieu, pour faire ta volonté, ainsi qu'il est écrit de moi dans le Livre.* Le Christ commence donc par dire : *Tu n'as pas voulu ni agréé les sacrifices et les offrandes, les holocaustes et les sacrifices pour le péché,* ceux que la Loi prescrit d'offrir. Puis il déclare : *Me voici, je suis venu pour faire ta volonté.* Ainsi, il supprime le premier état de choses pour établir le second. Et c'est grâce à cette volonté que nous sommes sanctifiés, par l'offrande que Jésus Christ a faite de son corps, une fois pour toutes.

– Parole du Seigneur.

Psaume 39 (40)

℟ ***Me voici, Seigneur, je viens faire ta volonté.***

D'un grand espoir, j'espérais le Seigneur :
il s'est penché vers moi.
Dans ma bouche il a mis un chant nouveau,
une louange à notre Dieu. ℟

Tu ne voulais ni offrande ni sacrifice,
tu as ouvert mes oreilles ;
tu ne demandais ni holocauste ni victime,
alors j'ai dit : « Voici, je viens. » ℟

J'annonce la justice
dans la grande assemblée ;
vois, je ne retiens pas mes lèvres,
Seigneur, tu le sais. ℟

Je n'ai pas enfoui ta justice au fond de mon cœur,
je n'ai pas caché ta fidélité, ton salut ;
j'ai dit ton amour et ta vérité
à la grande assemblée. ℟

Acclamation de l'Évangile

Alléluia. Alléluia. Tu es béni, Père, Seigneur du ciel et de la terre, tu as révélé aux tout-petits les mystères du Royaume ! ***Alléluia.***

Évangile de Jésus Christ

selon saint Marc (3, 31-35)

« Celui qui fait la volonté de Dieu, celui-là est pour moi un frère, une sœur, une mère »

En ce temps-là, comme Jésus était dans une maison, arrivent sa mère et ses frères. Restant au-dehors, ils le font appeler. Une foule était assise autour de lui ; et on lui dit : « Voici que ta mère et tes frères sont là dehors : ils te cherchent. » Mais il leur répond : « Qui est ma mère ? qui sont mes frères ? » Et parcourant du regard ceux qui étaient assis en cercle autour de lui, il dit : « Voici ma mère et mes frères. Celui qui fait la volonté de Dieu, celui-là est pour moi un frère, une sœur, une mère. »

Prière sur les offrandes

Tandis que nous célébrons tes mystères, Seigneur, que ton Esprit Saint répande sur nous la lumière de la foi, dont il n'a cessé d'éclairer saint Thomas d'Aquin pour que rayonne ta gloire. Par le Christ, notre Seigneur. ***— Amen.***

Antienne de la communion
Nous proclamons le Christ crucifié,
le Christ, puissance de Dieu
et sagesse de Dieu.
(cf. 1 Co 1, 23-24)

Prière après la communion
Déjà réconfortés par le pain du ciel, nous t'adressons, Seigneur, cette humble prière : qu'en suivant les leçons de saint Thomas d'Aquin, nous demeurions toujours dans l'action de grâce pour les dons que nous avons reçus. Par le Christ, notre Seigneur.
— Amen.

INVITATION

Nous célébrons en 2025 les 800 ans de la naissance de Thomas d'Aquin.
Dans ma prière, je peux lui confier aujourd'hui les théologiens et les philosophes.

COMMENTAIRE

De la place pour tous Marc 3, 31-35

Accaparé par ses auditeurs, « assis en cercle autour de lui », Jésus semble rejeter ceux qui sont « là dehors », pourtant sa mère et ses frères. Serait-il donc l'homme des petits cercles fermés ? L'homme de l'entre-soi confortable ? Bien au contraire ! Aussi rigoureux soient-ils, ses propos résonnent comme une invitation à élargir l'espace de nos cœurs comme celui de nos assemblées. Il n'y a pas de privilège à faire valoir. Tous sont invités à prendre place autour du Seigneur ! ■

***Bertrand Lesoing,** prêtre de la communauté Saint-Martin*

MERCREDI 29 JANVIER 2025

3E SEMAINE DU TEMPS ORDINAIRE COULEUR LITURGIQUE : VERT

Temps ordinaire, *suggestion d'oraisons et d'antiennes n° 10*

Antienne d'ouverture

Le Seigneur est ma lumière et mon salut ; de qui aurais-je crainte ?
Le Seigneur est le rempart de ma vie ; devant qui tremblerais-je ?
Mes ennemis, mes adversaires perdent pied et succombent. (Ps 26, 1-2)

Prière

Seigneur Dieu, source de tout bien, réponds sans te lasser à notre appel : inspire-nous de discerner ce qui est juste et dirige-nous pour que nous puissions l'accomplir. Par Jésus… ***— Amen.***

Lecture

de la lettre aux Hébreux (10, 11-18)

« Il a mené pour toujours à leur perfection ceux qu'il sanctifie »

Dans l'ancienne Alliance, tout prêtre, chaque jour, se tenait debout dans le Lieu saint pour le service liturgique, et il offrait à maintes reprises les mêmes sacrifices, qui ne peuvent jamais enlever les péchés. Jésus Christ, au contraire, après avoir offert pour les péchés un unique sacrifice, s'est assis pour toujours à la droite de Dieu. Il attend désormais que ses ennemis soient mis sous ses pieds. Par son unique offrande, il a mené pour toujours à leur perfection ceux qu'il sanctifie.

L'Esprit Saint, lui aussi, nous l'atteste dans l'Écriture, car, après avoir dit : *Voici quelle sera l'Alliance que j'établirai avec eux quand ces jours-là seront passés,* le Seigneur dit : *Quand je leur donnerai mes lois, je les inscrirai sur leurs cœurs et dans leur pensée et je ne me rappellerai plus leurs péchés ni leurs fautes.* Or, quand le pardon est accordé, on n'offre plus le sacrifice pour le péché.
– Parole du Seigneur.

Psaume 109 (110)

℟ ***Tu es prêtre à jamais selon l'ordre de Melkisédek.***

Oracle du Seigneur à mon seigneur :
« Siège à ma droite,
et je ferai de tes ennemis
le marchepied de ton trône. » ℟

De Sion, le Seigneur te présente
le sceptre de ta force :
« Domine jusqu'au cœur de l'ennemi. » ℟

Le jour où paraît ta puissance,
tu es prince, éblouissant de sainteté :
« Comme la rosée qui naît de l'aurore,
je t'ai engendré. » ℟

Le Seigneur l'a juré
dans un serment irrévocable :
« Tu es prêtre à jamais
selon l'ordre du roi Melkisédek. » ℟

Acclamation de l'Évangile

Alléluia. Alléluia. La semence est la parole de Dieu ; le semeur est le Christ, celui qui le trouve demeure pour toujours. ***Alléluia.***

Évangile de Jésus Christ

selon saint Marc (4, 1-20)

« Voici que le semeur sortit pour semer »

En ce temps-là, Jésus se mit de nouveau à enseigner au bord de la mer de Galilée. Une foule très nombreuse se rassembla auprès de lui, si bien qu'il monta dans une barque où il s'assit. Il était sur la mer, et toute la foule était près de la mer, sur le rivage. Il leur enseignait beaucoup de choses en paraboles, et dans son enseignement il leur disait : « Écoutez ! Voici que le semeur sortit pour semer. Comme il semait, du grain est tombé au bord du chemin ; les oiseaux sont venus et ils ont tout mangé. Du grain est tombé aussi sur du sol pierreux, où il n'avait pas beaucoup de terre ; il a levé aussitôt, parce que la terre était peu profonde ; et lorsque le soleil s'est levé, ce grain a brûlé et, faute de racines, il a séché. Du grain est tombé aussi dans les ronces, les ronces ont poussé, l'ont étouffé, et il n'a pas donné de fruit. Mais d'autres grains sont tombés dans la bonne terre ; ils ont donné du fruit en poussant et en se développant, et ils ont produit trente, soixante, cent, pour un. » Et Jésus disait : « Celui qui a des oreilles pour entendre, qu'il entende ! »
Quand il resta seul, ceux qui étaient autour de lui avec les Douze l'interrogeaient sur les paraboles. Il leur disait : « C'est à vous qu'est donné le mystère du royaume de Dieu ; mais à ceux qui sont dehors, tout se présente sous forme de paraboles. Et ainsi, comme dit le prophète : *Ils auront beau regarder de tous leurs yeux, ils ne verront pas ; ils auront beau écouter de toutes leurs oreilles, ils ne comprendront pas ; sinon ils se convertiraient et recevraient le pardon.* »

Il leur dit encore : « Vous ne saisissez pas cette parabole ? Alors, comment comprendrez-vous toutes les paraboles ? Le semeur sème la Parole. Il y a ceux qui sont au bord du chemin où la Parole est semée : quand ils l'entendent, Satan vient aussitôt et enlève la Parole semée en eux. Et de même, il y a ceux qui ont reçu la semence dans les endroits pierreux : ceux-là, quand ils entendent la Parole, ils la reçoivent aussitôt avec joie ; mais ils n'ont pas en eux de racine, ce sont les gens d'un moment ; que vienne la détresse ou la persécution à cause de la Parole, ils trébuchent aussitôt. Et il y en a d'autres qui ont reçu la semence dans les ronces : ceux-ci entendent la Parole, mais les soucis du monde, la séduction de la richesse et toutes les autres convoitises les envahissent et étouffent la Parole, qui ne donne pas de fruit. Et il y a ceux qui ont reçu la semence dans la bonne terre : ceux-là entendent la Parole, ils l'accueillent, et ils portent du fruit : trente, soixante, cent, pour un. »

Prière sur les offrandes

Regarde favorablement tes serviteurs, Seigneur, nous t'en prions : que notre offrande soit pour toi un présent agréable et nous fasse grandir en charité. Par le Christ, notre Seigneur.

— Amen.

Antienne de la communion

Le Seigneur est ma forteresse,
mon refuge et mon libérateur.
Mon Dieu vient à mon aide.
(cf. Ps 17, 2-3)

OU
Dieu est amour :
qui demeure dans l'amour
demeure en Dieu,
et Dieu demeure en lui.
(1 Jn 4, 16)

Prière après la communion

Par ta force de guérison, Seigneur, dans ta bonté, libère-nous de nos égarements, et conduis-nous sur le droit chemin. Par le Christ, notre Seigneur.
— Amen.

INVITATION

Et si, en signe de ma fidélité à Jésus Semeur, je plantais un arbre ou un arbuste – pommier, poirier, framboisier, figuier… ?

COMMENTAIRE

Une terre travaillée

Marc 4, 1-20

La semence de la Parole germe dans une bonne terre. Qui d'entre nous aurait la prétention d'être cette bonne terre, fertile et accueillante au grain de la Parole ? Nous avons souvent l'impression d'être secs, arides. Et si nous nous trompions radicalement ? Une bonne terre n'est pas une terre aseptisée ; c'est une terre fendue par le soc du laboureur, retournée, travaillée ; c'est une terre qui grouille de vers et autres bestioles peu ragoûtantes. Cette bonne terre accueillante à la Parole, ce peut être chacune de nos vies ! ■

Bertrand Lesoing, *prêtre de la communauté Saint-Martin*

JEUDI 30 JANVIER 2025

3E SEMAINE DU TEMPS ORDINAIRE COULEUR LITURGIQUE : VERT

Temps ordinaire, *suggestion d'oraisons et d'antiennes n° 11*

Antienne d'ouverture

Écoute, Seigneur, ma voix qui t'appelle ! Sois mon secours, ne m'abandonne pas, ne me délaisse pas, Dieu, mon salut ! (cf. Ps 26, 7.9)

Prière

Seigneur Dieu, force de ceux qui espèrent en toi, sois favorable à nos appels : puisque, mortels et fragiles, nous ne pouvons rien sans toi, donne-nous toujours le secours de ta grâce ; ainsi pourrons-nous, en observant tes commandements, vouloir et agir de manière à te plaire. Par Jésus… ***— Amen.***

Lecture

de la lettre aux Hébreux (10, 19-25)

« Dans la plénitude de la foi, continuons d'affirmer notre espérance. Soyons attentifs les uns aux autres pour nous stimuler à vivre dans l'amour »

Frères, c'est avec assurance que nous pouvons entrer dans le véritable sanctuaire grâce au sang de Jésus : nous avons là un chemin nouveau et vivant qu'il a inauguré en franchissant le rideau du Sanctuaire ; or, ce rideau est sa chair. Et nous avons le prêtre par excellence, celui qui est établi sur la maison de Dieu. Avançons-nous donc vers Dieu avec un cœur sincère et dans la plénitude de la foi, le cœur purifié de ce qui

souille notre conscience, le corps lavé par une eau pure. Continuons sans fléchir d'affirmer notre espérance, car il est fidèle, celui qui a promis. Soyons attentifs les uns aux autres pour nous stimuler à vivre dans l'amour et à bien agir. Ne délaissons pas nos assemblées, comme certains en ont pris l'habitude, mais encourageons-nous, d'autant plus que vous voyez s'approcher le jour du Seigneur.
– Parole du Seigneur.

Psaume 23 (24)

℟ ***Voici le peuple de ceux qui cherchent ta face, Seigneur.***

Au Seigneur, le monde et sa richesse,
la terre et tous ses habitants !
C'est lui qui l'a fondée sur les mers
et la garde inébranlable sur les flots. ℟

Qui peut gravir la montagne du Seigneur
et se tenir dans le lieu saint ?
L'homme au cœur pur, aux mains innocentes,
qui ne livre pas son âme aux idoles. ℟

Il obtient, du Seigneur, la bénédiction,
et de Dieu son Sauveur, la justice.
Voici le peuple de ceux qui le cherchent !
Voici Jacob qui recherche ta face ! ℟

Acclamation de l'Évangile

Alléluia. Alléluia. Ta parole est la lumière de mes pas, la lampe de ma route. ***Alléluia.***

Évangile de Jésus Christ

selon saint Marc (4, 21-25)

« La lampe est apportée pour être mise sur le lampadaire. La mesure que vous utilisez sera utilisée pour vous »

En ce temps-là, Jésus disait à la foule : « Est-ce que la lampe est apportée pour être mise sous le boisseau ou sous le lit ? N'est-ce pas pour être mise sur le lampadaire ? Car rien n'est caché, sinon pour être manifesté ; rien n'a été gardé secret, sinon pour venir à la clarté. Si quelqu'un a des oreilles pour entendre, qu'il entende ! » Il leur disait encore : « Faites attention à ce que vous entendez ! La mesure que vous utilisez sera utilisée aussi pour vous, et il vous sera donné encore plus. Car celui qui a, on lui donnera ; celui qui n'a pas, on lui enlèvera même ce qu'il a. »

Prière sur les offrandes

Seigneur Dieu, tu donnes à notre humanité la nourriture qui fortifie, et le sacrement qui renouvelle ; nous t'en prions : fais que ton secours ne manque jamais à nos corps et à nos esprits. Par le Christ, notre Seigneur. ***— Amen.***

Antienne de la communion

J'ai demandé une chose au Seigneur,
la seule que je cherche :
habiter la maison du Seigneur
tous les jours de ma vie.
(Ps 26, 4)

OU

Père saint, garde mes disciples unis
dans ton nom, le nom que
tu m'as donné, pour qu'ils soient un,
comme nous-mêmes,
dit le Seigneur. (Jn 17, 11)

Prière après la communion

Cette communion à tes mystères, Seigneur, préfigure l'union des fidèles en toi ; fais qu'elle produise un fruit d'unité dans ton Église. Par le Christ, notre Seigneur. ***— Amen.***

INVITATION

Je relis mon mois de janvier : quelles sont les lampes qui ont brillé sur mon chemin en ce début d'année ?

COMMENTAIRE

Amour incommensurable

Marc 4, 21-25

Dans le cartable de l'écolier, l'établi du bricoleur ou le placard du cuisinier, les outils de mesure sont partout, qu'il s'agisse de la règle ou du compas, du pied à coulisse, de la balance ou du verre mesureur. Pour venir à bout d'un exercice de mathématiques, monter un muret ou encore préparer une recette, nous avons à calculer, à trouver la juste mesure. Rien de tel dans l'amour ! Car l'amour ne se chiffre pas. Sa mesure est un débordement du cœur. Puisse notre amour être à l'image de celui du Seigneur car « la mesure que vous utilisez sera utilisée aussi pour vous, et il vous sera donné encore plus ». ■

Bertrand Lesoing, *prêtre de la communauté* ***Saint-Martin***

VENDREDI 31 JANVIER 2025

3E SEMAINE DU TEMPS ORDINAIRE COULEUR LITURGIQUE : BLANC

Saint Jean Bosco

1815-1888. Né de parents pauvres, près de Turin, il fut le prêtre des enfants abandonnés et désœuvrés. Fondateur des Salésiens et des Filles de Marie Auxiliatrice.

Antienne d'ouverture

Laissez les enfants venir à moi, dit le Seigneur. Ne les empêchez pas, car le royaume de Dieu est à ceux qui leur ressemblent. (cf. Mc 10, 14)

OU

Celui qui observera et enseignera les commandements du Seigneur, celui-là sera déclaré grand dans le royaume des Cieux, dit le Seigneur.
(cf. Mt 5, 19)

Prière

Seigneur Dieu, tu as suscité le prêtre saint Jean Bosco comme un père et un maître pour la jeunesse ; accorde-nous de brûler du même feu de charité afin de pouvoir attirer les âmes à toi et ne servir que toi seul. Par Jésus… ***— Amen.***

Lecture

de la lettre aux Hébreux (10, 32-39)

« Vous avez soutenu le dur combat. Ne perdez pas votre assurance »

Frères, souvenez-vous de ces premiers jours où vous veniez de recevoir la lumière du Christ : vous avez soutenu alors le dur combat des souffrances, tantôt donnés en spectacle sous les insultes et les brimades, tantôt solidaires de ceux qu'on traitait ainsi. En effet, vous avez montré

de la compassion à ceux qui étaient en prison ; vous avez accepté avec joie qu'on vous arrache vos biens, car vous étiez sûrs de posséder un bien encore meilleur, et permanent. Ne perdez pas votre assurance ; grâce à elle, vous serez largement récompensés. Car l'endurance vous est nécessaire pour accomplir la volonté de Dieu et obtenir ainsi la réalisation des promesses. En effet, encore un peu, très peu de temps, et celui qui doit venir arrivera, il ne tardera pas. Celui qui est juste à mes yeux par la foi vivra* ; mais s'il abandonne, je ne trouve plus mon bonheur en lui. Or nous ne sommes pas, nous, de ceux qui abandonnent et vont à leur perte, mais de ceux qui ont la foi et sauvegardent leur âme.
– Parole du Seigneur.

Psaume 36 (37)

℟ ***Le salut des justes vient du Seigneur.***

Fais confiance au Seigneur, agis bien,
habite la terre et reste fidèle ;
mets ta joie dans le Seigneur :
il comblera les désirs de ton cœur. ℟

Dirige ton chemin vers le Seigneur,
fais-lui confiance, et lui, il agira.
Il fera lever comme le jour ta justice,
et ton droit comme le plein midi. ℟

Quand le Seigneur conduit les pas de l'homme,
ils sont fermes et sa marche lui plaît.
S'il trébuche, il ne tombe pas
car le Seigneur le soutient de sa main. ℟

Le Seigneur est le salut pour les justes,
leur abri au temps de la détresse.
Le Seigneur les aide et les délivre,
car ils cherchent en lui leur refuge. ℟

Acclamation de l'Évangile

Alléluia. Alléluia. Tu es béni, Père, Seigneur du ciel et de la terre, tu as révélé aux tout-petits les mystères du Royaume ! ***Alléluia.***

Évangile de Jésus Christ

selon saint Marc (4, 26-34)

« L'homme qui jette en terre la semence, qu'il dorme ou qu'il se lève, la semence grandit, il ne sait comment »

En ce temps-là, Jésus disait aux foules : « Il en est du règne de Dieu comme d'un homme qui jette en terre la semence : nuit et jour, qu'il dorme ou qu'il se lève, la semence germe et grandit, il ne sait comment. D'elle-même, la terre produit d'abord l'herbe, puis l'épi, enfin du blé plein l'épi. Et dès que le blé est mûr, il y met la faucille, puisque le temps de la moisson est arrivé. »

Il disait encore : « À quoi allons-nous comparer le règne de Dieu ? Par quelle parabole pouvons-nous le représenter ? Il est comme une graine de moutarde : quand on la sème en terre, elle est la plus petite de toutes les semences. Mais quand on l'a semée, elle grandit et dépasse toutes les plantes potagères ; et elle étend de longues branches, si bien que les oiseaux du ciel peuvent faire leur nid à son ombre. »

Par de nombreuses paraboles semblables, Jésus leur annonçait la Parole, dans la mesure où ils étaient capables de l'entendre. Il ne leur disait rien sans parabole, mais il expliquait tout à ses disciples en particulier.

Prière sur les offrandes

Accepte, Seigneur, nous t'en prions, le sacrifice que ton peuple consacré t'offre aujourd'hui en mémoire de saint Jean Bosco ; fais qu'en ayant participé à ce mystère, nous devenions des témoins de ta charité. Par le Christ, notre Seigneur.
— Amen.

Antienne de la communion

Si vous ne changez pas pour devenir
comme les enfants, dit le Seigneur,
vous n'entrerez pas dans le royaume
des Cieux. (Mt 18, 3)

OU

Celui qui me suit ne marche pas
dans les ténèbres, mais il aura
la lumière de la vie, dit le Seigneur.
(Jn 8, 12)

Prière après la communion

Dieu tout-puissant, fais que nous trouvions un soutien dans ce repas sacré, pour qu'à l'exemple de saint Jean Bosco, nous manifestions dans notre cœur et par nos actes la charité fraternelle et la lumière de la vérité. Par le Christ, notre Seigneur. ***— Amen.***

INVITATION

Jean Bosco est le saint patron des éducateurs.
Quelles sont les personnes qui ont participé à édifier ma foi ?

COMMENTAIRE

Dieu nous parle à travers la Création Marc 4, 26-34

Une semence jetée en terre, la moisson, une graine de moutarde, les nids des oiseaux dans les branches des arbres : la Création est pour Jésus comme un immense livre qui nous parle des merveilles de Dieu et de son règne. Les temps ont changé pourrait-on croire. En maints endroits, la Création est défigurée, voire menacée. Et pourtant, Dieu continue à nous parler à travers elle. Aurons-nous le regard assez simple, assez évangélique pour discerner, au cœur de notre réalité quotidienne, les signes avant-coureurs du Royaume qui vient ? ■

***Bertrand Lesoing,** prêtre de la communauté Saint-Martin*

✲ CLÉ DE LECTURE

« Vivra » Hébreux 10, 38 *(p. 218)*

Ce verset d'Habaquq, repris aussi par Paul, est porteur d'une riche ambiguïté. Le texte hébreu dit que le juste vivra du fait de sa propre fidélité à Dieu ; la traduction grecque dit que le juste vivra du fait de la fidélité de Dieu (« du fait de ma fidélité ») ! Paul, dans la lettre aux Romains (Rm 1, 17) comme dans la lettre aux Galates (Ga 3, 11), supprime les adjectifs possessifs : « le juste vivra par la foi/fidélité » ; entre Dieu et l'être humain tout est affaire de foi/confiance/fidélité, seul lien qui ajuste les humains à l'amour de Dieu. L'auteur ici change l'ordre des mots et écrit « mon juste », « celui qui est juste à mes yeux ». Il manifeste ainsi la part de responsabilité de l'être humain, reconnu juste aux yeux de Dieu, sans ignorer la miséricorde de Dieu qui peut rendre juste le pécheur ! ■

Roselyne Dupont-Roc, bibliste

Liturgie de la messe

RITES INITIAUX

Le chant d'entrée achevé, le prêtre et les fidèles, debout, font le signe de la croix, tandis que le prêtre, tourné vers le peuple, dit :

Au nom du Père, et du Fils, et du Saint-Esprit.

Le peuple répond :

—Amen.

Salutation

La grâce de Jésus, le Christ, notre Seigneur, l'amour de Dieu le Père, et la communion de l'Esprit Saint soient toujours avec vous.

—Et avec votre esprit.

Ou bien : Que la grâce et la paix de Dieu notre Père et du Seigneur Jésus, le Christ, soient toujours avec vous.

—Et avec votre esprit.

Ou bien : Le Seigneur soit avec vous.

—Et avec votre esprit.

Acte pénitentiel

Frères et sœurs, préparons-nous à célébrer le mystère de l'eucharistie, en reconnaissant que nous avons péché.

(1) Je confesse à Dieu tout-puissant, je reconnais devant vous, frères et sœurs, que j'ai péché en pensée, en parole, par action et par omission ; oui, j'ai vraiment péché. C'est pourquoi je supplie la bienheureuse Vierge Marie, les anges et tous les saints, et vous aussi, frères et sœurs, de prier pour moi le Seigneur notre Dieu.

(2) Prends pitié de nous, Seigneur. **— *Nous avons péché contre toi.***
Montre-nous, Seigneur, ta miséricorde. **— *Et donne-nous ton salut.***

(3) Seigneur Jésus, envoyé pour guérir les cœurs qui reviennent vers toi :
Seigneur, prends pitié. **— *Seigneur, prends pitié.***
Ô Christ, venu appeler les pécheurs : ô Christ, prends pitié.
— *Ô Christ, prends pitié.*
Seigneur, qui sièges à la droite du Père où tu intercèdes pour nous :
Seigneur, prends pitié. **— *Seigneur, prends pitié.***

Que Dieu tout-puissant nous fasse miséricorde ; qu'il nous pardonne nos péchés et nous conduise à la vie éternelle. **— *Amen.***

Ensuite, on chante ou on dit le Kyrie eleison (Seigneur, prends pitié), à moins qu'il n'ait été déjà employé dans une formule de l'acte pénitentiel (c'est le cas de la précédente).

Kyrie, eleison. **— *Kyrie, eleison.***
Christe, eleison. **— *Christe, eleison.***
Kyrie, eleison. **— *Kyrie, eleison.***
ou bien : Seigneur, prends pitié. **— *Seigneur, prends pitié.***
Ô Christ, prends pitié. **— *Ô Christ, prends pitié.***
Seigneur, prends pitié. **— *Seigneur, prends pitié.***

Gloire à Dieu

Gloire à Dieu, au plus haut des cieux, et paix sur la terre aux hommes,
qu'il aime. Nous te louons, nous te bénissons, nous t'adorons,
nous te glorifions, nous te rendons grâce, pour ton immense gloire,
Seigneur Dieu, Roi du ciel, Dieu le Père tout-puissant.
Seigneur, Fils unique, Jésus Christ, Seigneur Dieu,
Agneau de Dieu, le Fils du Père ;
toi qui enlèves les péchés du monde, prends pitié de nous ;
toi qui enlèves les péchés du monde, reçois notre prière ;
toi qui es assis à la droite du Père, prends pitié de nous.
Car toi seul es Saint, toi seul es Seigneur, toi seul es le Très-Haut :
Jésus Christ, avec le Saint-Esprit dans la gloire de Dieu le Père. Amen.

Gloria in excelsis Deo et in terra pax hominibus bonæ voluntatis. Laudamus te, benedicimus te, adoramus te, glorificamus te, gratias agimus tibi propter magnam gloriam tuam, Domine Deus, Rex cælestis, Deus Pater omnipotens. Domine Fili unigenite, Iesu Christe, Domine Deus, Agnus Dei, Filius Patris, qui tollis peccata mundi, miserere nobis ; qui tollis peccata mundi, suscipe deprecationem nostram. Qui sedes ad dexteram Patris, miserere nobis.
Quoniam tu solus Sanctus, tu solus Dominus, tu solus Altissimus,
Iesu Christe, cum Sancto Spiritu : in gloria Dei Patris. Amen.

Prière d'ouverture

Voir à la date du jour.

LITURGIE DE LA PAROLE

Voir à la date du jour.

Profession de foi

Symbole de Nicée-Constantinople

Je crois en un seul Dieu, le Père tout-puissant,
créateur du ciel et de la terre, de l'univers visible et invisible.
Je crois en un seul Seigneur, Jésus Christ, le Fils unique de Dieu,
né du Père avant tous les siècles : il est Dieu, né de Dieu,
lumière née de la lumière, vrai Dieu, né du vrai Dieu,
engendré, non pas créé, consubstantiel au Père, et par lui tout a été fait.
Pour nous les hommes, et pour notre salut, il descendit du ciel ;
par l'Esprit Saint, il a pris chair de la Vierge Marie, et s'est fait homme.
Crucifié pour nous sous Ponce Pilate,
il souffrit sa passion et fut mis au tombeau.
Il ressuscita le troisième jour, conformément aux Écritures,
et il monta au ciel ; il est assis à la droite du Père.
Il reviendra dans la gloire, pour juger les vivants et les morts ;
et son règne n'aura pas de fin.
Je crois en l'Esprit Saint, qui est Seigneur et qui donne la vie ;
il procède du Père et du Fils ; avec le Père et le Fils,
il reçoit même adoration et même gloire ; il a parlé par les prophètes.
Je crois en l'Église, une, sainte, catholique et apostolique.
Je reconnais un seul baptême pour le pardon des péchés.
J'attends la résurrection des morts, et la vie du monde à venir. Amen.

Credo in unum Deum, Patrem omnipotentem,
Factorem cæli et terræ, visibilium omnium et invisibilium.
Et in unum Dominum Iesum Christum, Filium Dei unigenitum,
et ex Patre natum ante omnia sæcula.
Deum de Deo, lumen de lumine, Deum verum de Deo vero, genitum,
non factum, consubstantialem Patri : per quem omnia facta sunt.
Qui propter nos homines et propter nostram salutem descendit de cælis.
Et incarnatus est de Spiritu Sancto ex Maria Virgine, et homo factus est.
Crucifixus etiam pro nobis sub Pontio Pilato ;
passus et sepultus est, et resurrexit tertia die, secundum Scripturas,
et ascendit in cælum, sedet ad dexteram Patris.
Et iterum venturus est cum gloria, iudicare vivos et mortuos,
cuius regni non erit finis.
Et in Spiritum Sanctum, Dominum et vivificantem :
qui ex Patre Filioque procedit.
Qui cum Patre et Filio simul adoratur et conglorificatur :
qui locutus est per prophetas.
Et unam, sanctam, catholicam et apostolicam Ecclesiam.
Confiteor unum baptisma in remissionem peccatorum.
Et exspecto resurrectionem mortuorum, et vitam venturi sæculi.
Amen.

Symbole des Apôtres

Je crois en Dieu, le Père tout-puissant, créateur du ciel et de la terre.
Et en Jésus Christ, son Fils unique, notre Seigneur,
qui a été conçu du Saint-Esprit, est né de la Vierge Marie,
a souffert sous Ponce Pilate, a été crucifié, est mort et a été enseveli,
est descendu aux enfers, le troisième jour est ressuscité des morts,
est monté aux cieux, est assis à la droite de Dieu le Père tout-puissant,
d'où il viendra juger les vivants et les morts.
Je crois en l'Esprit Saint, à la sainte Église catholique,
à la communion des saints, à la rémission des péchés,
à la résurrection de la chair, à la vie éternelle. Amen.

Prière universelle

LITURGIE EUCHARISTIQUE

Préparation des dons

Tu es béni, Seigneur, Dieu de l'univers : nous avons reçu de ta bonté le pain
que nous te présentons, fruit de la terre et du travail des hommes ;
il deviendra pour nous le pain de la vie. ***— Béni soit Dieu, maintenant et toujours !***

Comme cette eau se mêle au vin pour le sacrement de l'Alliance,
puissions-nous être unis à la divinité de celui qui a voulu prendre notre humanité.

Tu es béni, Seigneur, Dieu de l'univers : nous avons reçu de ta bonté le vin
que nous te présentons, fruit de la vigne et du travail des hommes ;
il deviendra pour nous le vin du Royaume éternel.

— Béni soit Dieu, maintenant et toujours !

Le cœur humble et contrit, nous te supplions, Seigneur, accueille-nous : que notre sacrifice, en ce jour, trouve grâce devant toi, Seigneur notre Dieu. Lave-moi de mes fautes, Seigneur, et purifie-moi de mon péché.

Prière sur les offrandes

Priez, frères et sœurs : que mon sacrifice, qui est aussi le vôtre, soit agréable à Dieu le Père tout-puissant.

— Que le Seigneur reçoive de vos mains ce sacrifice à la louange et à la gloire de son nom, pour notre bien et celui de toute l'Église.

Ou bien :

Prions ensemble, au moment d'offrir le sacrifice de toute l'Église.

— Pour la gloire de Dieu et le salut du monde.

Prière eucharistique

Le Seigneur soit avec vous. ***— Et avec votre esprit.***
Élevons notre cœur. ***— Nous le tournons vers le Seigneur.***
Rendons grâce au Seigneur notre Dieu. ***— Cela est juste et bon.***

Préfaces

1re préface de la Nativité

Le Christ lumière

Vraiment, il est juste et bon, pour ta gloire et notre salut, de t'offrir notre action de grâce, toujours et en tout lieu, Seigneur, Père très saint, Dieu éternel et tout-puissant. Car la révélation de ta gloire s'est éclairée pour nous d'une lumière nouvelle dans le mystère du Verbe incarné.

Maintenant, nous connaissons en lui Dieu qui s'est rendu visible à nos yeux, et nous sommes entraînés par lui à aimer ce qui demeure invisible. C'est pourquoi, avec les anges et les archanges, avec les puissances d'en haut et tous les esprits bienheureux, nous chantons l'hymne de ta gloire et sans fin nous proclamons :
Saint ! Saint ! Saint...

2e préface de la Nativité

La restauration universelle
dans l'Incarnation

Vraiment, il est juste et bon, pour ta gloire et notre salut, de t'offrir notre action de grâce, toujours et en tout lieu, Seigneur, Père très saint, Dieu éternel et tout-puissant, par le Christ, notre Seigneur. Dans le mystère de la Nativité, celui qui par nature est invisible s'est rendu visible en notre chair ; engendré avant le temps, il entre dans le cours du temps. Relevant en lui la création déchue, il restaure toute chose et ramène l'homme perdu vers le royaume des Cieux. C'est pourquoi nous te louons avec tous les anges et, dans la joie, nous te célébrons en proclamant : ***Saint ! Saint ! Saint...***

3e préface de la Nativité

L'échange entre Dieu et les hommes
dans l'Incarnation du Verbe

Vraiment, il est juste et bon, pour ta gloire et notre salut, de t'offrir notre action de grâce, toujours et en tout lieu, Seigneur, Père très saint, Dieu éternel et tout-puissant, par le Christ, notre Seigneur. Par lui resplendit en ce jour l'échange merveilleux où nous sommes régénérés : lorsque ton Verbe prend sur lui la fragilité humaine, notre condition mortelle en reçoit une infinie noblesse ; il devient tellement l'un de nous que nous devenons éternels. C'est pourquoi, unis au chœur des anges, nous te louons dans la joie en proclamant :
Saint ! Saint ! Saint...

Préface de l'Épiphanie

Le Christ, lumière des nations

Vraiment, il est juste et bon, pour ta gloire et notre salut, de t'offrir notre action de grâce, toujours et en tout lieu, Seigneur, Père très saint, Dieu éternel et tout-puissant. Aujourd'hui tu as dévoilé dans le Christ le mystère de notre salut pour que tous les peuples en soient illuminés; et quand le Christ s'est manifesté dans notre nature mortelle, tu nous as renouvelés par la gloire de son immortalité. C'est pourquoi, avec les anges et les archanges, avec les puissances d'en haut et tous les esprits bienheureux, nous chantons l'hymne de ta gloire et sans fin nous proclamons :

Saint ! Saint ! Saint...

1re préface des dimanches

Le mystère pascal et le peuple de Dieu

Vraiment, il est juste et bon, pour ta gloire et notre salut, de t'offrir notre action de grâce, toujours et en tout lieu, Seigneur, Père très saint, Dieu éternel et tout-puissant, par le Christ, notre Seigneur. Dans le mystère de sa Pâque, il a fait une œuvre merveilleuse : car nous étions esclaves de la mort et du péché, et nous sommes appelés à partager sa gloire ; nous portons désormais ces noms glorieux : descendance choisie, sacerdoce royal, nation sainte, peuple racheté ; nous pouvons annoncer au monde les merveilles que tu as accomplies, toi qui nous appelles des ténèbres à ton admirable lumière. C'est pourquoi, avec les anges et les archanges, avec les puissances d'en haut et tous les esprits bienheureux, nous chantons l'hymne de ta gloire et sans fin nous proclamons : ***Saint ! Saint ! Saint...***

2e préface des dimanches

Le mystère du salut

Vraiment, il est juste et bon, pour ta gloire et notre salut, de t'offrir notre action de grâce, toujours et en tout lieu, Seigneur, Père très saint, Dieu éternel et tout-puissant, par le Christ, notre Seigneur. Dans sa pitié pour nos égarements, il a voulu naître de la Vierge Marie. Par la souffrance de la croix, il nous a délivrés de la mort éternelle ; par sa résurrection d'entre les morts, il nous a donné la vie qui n'aura pas de fin. C'est pourquoi, avec les anges et les archanges, avec les puissances d'en haut et tous les esprits bienheureux, nous chantons l'hymne de ta gloire et sans fin nous proclamons : ***Saint ! Saint ! Saint...***

1re préface commune

Récapitulation de toutes choses dans le Christ

Vraiment, il est juste et bon, pour ta gloire et notre salut, de t'offrir notre action de grâce, toujours et en tout lieu, Seigneur, Père très saint, Dieu éternel et tout-puissant, par le Christ, notre Seigneur. En lui tu as voulu récapituler toutes choses, et tu nous as fait partager la vie qu'il possède en plénitude. Lui qui est de condition divine, il s'est anéanti pour donner au monde la paix par le sang de sa croix ; élevé au-dessus de toute créature, il est devenu pour tous ceux qui lui obéissent la cause du salut éternel. C'est pourquoi, avec les anges et les archanges, avec les puissances d'en haut et tous les esprits bienheureux, nous chantons l'hymne de ta gloire et sans fin nous proclamons : ***Saint ! Saint ! Saint...***

5e préface commune

Proclamation du mystère du Christ

Vraiment, il est juste et bon, pour ta gloire et notre salut, de t'offrir notre action de grâce, toujours et en tout lieu, Seigneur, Père très saint, Dieu éternel et tout-puissant, par le Christ, notre Seigneur. Le rappel de sa mort provoque notre amour, l'annonce de sa résurrection ravive notre foi, et l'attente de sa venue dans la gloire affermit notre espérance. C'est pourquoi, avec les saints et tous les anges, nous te louons et sans fin nous proclamons : ***Saint ! Saint ! Saint…***

1re préface de la Vierge Marie

La maternité de la bienheureuse Vierge Marie

Vraiment, il est juste et bon, pour ta gloire et notre salut, de t'offrir notre action de grâce, toujours et en tout lieu, Seigneur, Père très saint, Dieu éternel et tout-puissant. En ce jour • où nous célébrons la (*nommer la fête ; le 1er janvier :* la maternité) de la bienheureuse Vierge Marie : … • où nous célébrons la mémoire de la bienheureuse Vierge Marie : … • où nous honorons la bienheureuse Vierge Marie : … nous voulons te chanter, te bénir et te glorifier. Car elle a conçu ton Fils unique lorsque le Saint-Esprit la couvrit de son ombre, et, gardant pour toujours la gloire de sa virginité, elle a donné au monde la lumière éternelle, Jésus, le Christ, notre Seigneur. Par lui, les anges célèbrent ta grandeur, et les esprits bienheureux adorent ta gloire ; par lui s'inclinent devant toi les puissances d'en haut et tressaillent d'une même allégresse les innombrables créatures des cieux. À leur hymne de louange, laisse-nous joindre nos voix pour chanter et proclamer : ***Saint ! Saint ! Saint…***

Préface des saints pasteurs

La présence des saints pasteurs dans l'Église

Vraiment, il est juste et bon, pour ta gloire et notre salut, de t'offrir notre action de grâce, toujours et en tout lieu, Seigneur, Père très saint, Dieu éternel et tout-puissant, par le Christ, notre Seigneur. Tu donnes à ton Église de se réjouir en la fête de saint (des saints) N. : par l'exemple qu'il a (qu'ils ont) donné, tu nous encourages, par son (leur) enseignement, tu nous éclaires, à sa (leur) prière, tu veilles sur nous. C'est pourquoi, avec la multitude des anges et des saints, nous chantons l'hymne de ta gloire et sans fin nous proclamons : ***Saint ! Saint ! Saint…***

2e préface des saints martyrs

Les merveilles de Dieu dans la victoire des martyrs

Vraiment, il est juste et bon, pour ta gloire et notre salut, de t'offrir notre action de grâce, toujours et en tout lieu, Seigneur, Père très saint, Dieu éternel et tout-puissant. En louant tes saints martyrs, c'est toi que nous exaltons, et leur passion révèle l'œuvre admirable de ta puissance : tu leur donnes, en ta bonté, de croire avec ardeur, de persévérer sans faiblir et de vaincre dans le combat, par le Christ notre Seigneur. C'est pourquoi le ciel et la terre t'adorent ; ils te chantent le cantique nouveau, et nous-mêmes, unissant notre voix à celle des anges, nous t'acclamons : ***Saint ! Saint ! Saint…***

2e préface des saints

Le rôle des saints

Vraiment, il est juste et bon, pour ta gloire et notre salut, de t'offrir notre action de grâce, toujours et en tout lieu, Seigneur, Père très saint, Dieu éternel et tout-puissant, par le Christ, notre Seigneur. Tu ne cesses de fortifier ton Église, et tu lui donnes une fécondité nouvelle par la foi admirable dont témoignent les saints ; tu nous présentes en eux des signes très sûrs de ton amour. Et pour que s'accomplissent les mystères du salut, le rayonnement de leur exemple nous stimule, et leur intercession fervente nous assure un appui. C'est pourquoi, avec les anges et tous les saints, nous te louons, Seigneur, et nous exultons de joie en proclamant :

Saint ! Saint ! Saint…

Pour l'unité des chrétiens

L'unité du corps du Christ, qu'est l'Église

Vraiment, il est juste et bon, pour ta gloire et notre salut, de t'offrir notre action de grâce, toujours et en tout lieu, Seigneur, Père très saint, Dieu éternel et tout-puissant, par le Christ, notre Seigneur. Par lui, tu nous conduis à la connaissance de ta vérité, pour que nous devenions son corps, unis dans une seule foi et un seul baptême. Par lui, tu répands ton Esprit Saint sur toutes les nations, l'Esprit qui fait une œuvre merveilleuse par la diversité de ses dons et réalise ainsi l'unité : il habite le cœur de tes enfants d'adoption, il remplit l'Église tout entière et ne cesse de la guider. C'est pourquoi, unissant nos voix à celles des anges, nous te louons dans la joie en proclamant :

Saint ! Saint ! Saint,
le Seigneur,
Dieu de l'univers !
Le ciel et la terre
sont remplis de ta gloire.
Hosanna au plus haut des cieux.
Béni soit celui qui vient
au nom du Seigneur.
Hosanna au plus haut des cieux.

Sanctus, Sanctus, Sanctus
Dominus Deus Sabaoth.
Pleni sunt cæli et terra gloria tua.
Hosanna in excelsis.
Benedictus qui venit in nomine
Domini. Hosanna in excelsis.

• *Prière eucharistique* **1**
« Toi, Père très aimant... » .... *p. 235*
• *Prière eucharistique* **2**
« Toi qui es vraiment saint... » .... *p. 239*
• *Prière eucharistique* **3**
« Tu es vraiment saint... » .... *p. 242*
• *Prière eucharistique* **4**
« Père très saint... » .... *p. 245*

Prière eucharistique n° 1

(Préfaces : p. 228)

Toi, Père très aimant, nous te prions et te supplions par Jésus Christ, ton Fils, notre Seigneur, d'accepter et de bénir ✠ ces dons, ces offrandes, sacrifice pur et saint, que nous te présentons avant tout pour ta sainte Église catholique : accorde-lui la paix et protège-la, daigne la rassembler dans l'unité et la gouverner par toute la terre ; nous les présentons en union avec ton serviteur notre pape N., notre évêque N., et tous ceux qui gardent fidèlement la foi catholique reçue des Apôtres.

Souviens-toi, Seigneur, de tes serviteurs et de tes servantes (de N. et de N.), et de tous ceux qui sont ici réunis, dont tu connais la foi et l'attachement. Nous t'offrons pour eux, ou ils t'offrent pour eux-mêmes et tous les leurs ce sacrifice de louange, pour leur propre rédemption, pour la paix, et le salut qu'ils espèrent ; ils te rendent cet hommage, à toi, Dieu éternel, vivant et vrai.

(1) **En semaine :**

• Unis dans une même communion, vénérant d'abord la mémoire de la bienheureuse Marie toujours vierge, Mère de notre Dieu et Seigneur, Jésus Christ, •••

(2) **Le dimanche :**

• Unis dans une même communion, nous célébrons le jour où le Christ est ressuscité d'entre les morts ; et vénérant d'abord la mémoire de la bienheureuse Marie toujours vierge, Mère de notre Dieu et Seigneur, Jésus Christ, •••

(3) **Le 1er janvier :**

• Unis dans une même communion, nous célébrons le jour très saint où Marie, dans la gloire de sa virginité, enfanta le Sauveur du monde ; et vénérant d'abord la mémoire de cette Vierge bienheureuse, la Mère de notre Dieu et Seigneur, Jésus Christ, •••

Prière eucharistique n° 1

(4) Pour l'Épiphanie :

• Unis dans une même communion, nous célébrons le jour très saint où ton Fils unique qui partage éternellement ta propre gloire s'est manifesté à nos yeux dans un vrai corps pris de notre chair ; et vénérant d'abord la mémoire de la bienheureuse Marie toujours Vierge, Mère de notre Dieu et Seigneur, Jésus Christ, •••

••• et celle de saint Joseph, son époux, des bienheureux Apôtres et martyrs Pierre et Paul, André, [Jacques et Jean, Thomas, Jacques et Philippe, Barthélemy et Matthieu, Simon et Jude, Lin, Clet, Clément, Sixte, Corneille et Cyprien, Laurent, Chrysogone, Jean et Paul, Côme et Damien,] et de tous les saints, nous t'en supplions : accorde-nous, par leur prière et leurs mérites, d'être toujours et partout, forts de ton secours et de ta protection. [Par le Christ, notre Seigneur. Amen.]

Voici donc l'offrande que nous présentons devant toi, nous, tes serviteurs, et ta famille entière : Seigneur, dans ta bienveillance, accepte-la. Assure toi-même la paix de notre vie, arrache-nous à la damnation éternelle et veuille nous admettre au nombre de tes élus. [Par le Christ, notre Seigneur. Amen.]

Seigneur Dieu, nous t'en prions, daigne bénir et accueillir cette offrande, accepte-la pleinement, rends-la parfaite et digne de toi : qu'elle devienne pour nous le corps et le sang de ton Fils bien-aimé, Jésus, le Christ, notre Seigneur.

La veille de sa passion, il prit le pain dans ses mains très saintes et, les yeux levés au ciel, vers toi, Dieu, son Père tout-puissant, en te rendant grâce il dit la bénédiction, il rompit le pain, et le donna à ses disciples, en disant : « **Prenez, et mangez-en tous** : ceci est mon corps livré pour vous. » De même, après le repas, il prit cette coupe incomparable dans ses mains très saintes ; et, te rendant grâce à nouveau, il dit la bénédiction, et donna la coupe à ses disciples, en disant : « **Prenez, et buvez-en tous,** car ceci est la coupe de mon sang, le sang de l'Alliance nouvelle et éternelle, qui sera versé pour vous et pour la multitude en rémission des péchés. Vous ferez cela en mémoire de moi. »

(1) Il est grand, le mystère de la foi :
— Nous annonçons ta mort, Seigneur Jésus, nous proclamons ta résurrection, nous attendons ta venue dans la gloire.
(2) Acclamons le mystère de la foi :
— Quand nous mangeons ce pain et buvons à cette coupe, nous annonçons ta mort, Seigneur ressuscité, et nous attendons que tu viennes.
(3) Qu'il soit loué, le mystère de la foi :
— Sauveur du monde, sauve-nous ! Par ta croix et ta résurrection, tu nous as libérés.
ou : Proclamons le mystère de la foi :
— Gloire à toi qui étais mort, gloire à toi qui es vivant, notre Sauveur et notre Dieu : viens, Seigneur Jésus !

Mysterium fidei.
(1) – Mortem tuam annuntiamus, Domine, et tuam resurrectionem confitemur, donec venias.
(2) – Quotiescumque manducamus panem hunc et calicem bibimus, mortem tuam annuntiamus, Domine, donec venias.
(3) – Salvator mundi, salva nos, qui per crucem et resurrectionem tuam liberasti nos.

Voilà pourquoi nous, tes serviteurs, et ton peuple saint avec nous, faisant mémoire de la passion bienheureuse de ton Fils, Jésus, le Christ, notre Seigneur, de sa résurrection du séjour des morts et de sa glorieuse ascension dans le ciel, nous te présentons, Dieu de gloire et de majesté, cette offrande prélevée sur les biens que tu nous donnes, le sacrifice pur et saint, le sacrifice parfait, pain de la vie éternelle et coupe du salut.

Prière eucharistique n° 1

Et comme il t'a plu d'accueillir les présents de ton serviteur Abel le Juste, le sacrifice d'Abraham, notre père dans la foi, et celui que t'offrit Melkisédek, ton grand prêtre, oblation sainte et immaculée, regarde ces offrandes avec amour et, dans ta bienveillance, accepte-les. Nous t'en supplions, Dieu tout-puissant : qu'elles soient portées par les mains de ton saint Ange en présence de ta gloire, sur ton autel céleste, afin qu'en recevant ici, par notre communion à l'autel, le corps et le sang très saints de ton Fils, nous soyons comblés de la grâce et de toute bénédiction du ciel. [Par le Christ, notre Seigneur. Amen.]

Souviens-toi aussi, Seigneur, de tes serviteurs et de tes servantes (de N. et N.) qui nous ont précédés, marqués du signe de la foi, et qui dorment dans la paix. Pour eux et pour tous ceux qui reposent dans le Christ, nous implorons ta bonté, Seigneur : qu'ils demeurent dans la joie, la lumière et la paix.

Et nous pécheurs, tes serviteurs, qui mettons notre espérance en ta miséricorde inépuisable, admets-nous dans la communauté des saints Apôtres et martyrs, avec Jean Baptiste, Étienne, Matthias et Barnabé, [Ignace, Alexandre, Marcellin et Pierre, Félicité et Perpétue, Agathe, Lucie, Agnès, Cécile, Anastasie,] et tous les saints ; nous t'en prions, accueille-nous dans leur compagnie, sans nous juger sur le mérite mais en accordant largement ton pardon. Par le Christ, notre Seigneur. Par lui, tu ne cesses de créer tous ces biens, tu les sanctifies, leur donnes la vie, les bénis, et nous en fais le don.

Par lui, avec lui et en lui, à toi, Dieu le Père tout-puissant, dans l'unité du Saint-Esprit, tout honneur et toute gloire, pour les siècles des siècles. – ***Amen.***

Vient ensuite le rite de la communion, p. 249.

Prière eucharistique nº 2

(On peut aussi choisir une autre préface.)

Vraiment, Père très saint, il est juste et bon, pour ta gloire et notre salut, de t'offrir notre action de grâce, toujours et en tout lieu, par ton Fils bien-aimé, Jésus, le Christ : il est ta parole par qui tu as créé toutes choses ; c'est lui que tu nous as envoyé comme Rédempteur et Sauveur, Dieu fait homme, conçu de l'Esprit Saint, né de la Vierge Marie. Pour accomplir jusqu'au bout ta volonté et rassembler un peuple saint qui t'appartienne, il étendit les mains à l'heure de sa passion, afin de briser la mort, et de manifester la résurrection. C'est pourquoi, avec les anges et tous les saints, nous chantons ta gloire, et d'une seule voix nous proclamons :

Saint ! Saint ! Saint, le Seigneur, Dieu de l'univers ! Le ciel et la terre sont remplis de ta gloire. Hosanna au plus haut des cieux. Béni soit celui qui vient au nom du Seigneur. Hosanna au plus haut des cieux.

(Voir p. 234 pour la version latine.)

(1) En semaine :

• Toi qui es vraiment saint, toi qui es la source de toute sainteté, Seigneur, nous te prions : •••

(2) Le dimanche :

• Toi qui es vraiment saint, toi qui es la source de toute sainteté, Dieu notre Père, nous voici rassemblés devant toi, et, dans la communion de toute l'Église, nous célébrons le jour où le Christ est ressuscité d'entre les morts. Par lui que tu as élevé à ta droite, nous te prions : •••

(3) Le 1er janvier :

• Toi qui es vraiment saint, toi qui es la source de toute sainteté, Dieu notre Père, nous voici rassemblés devant toi, et, dans la communion de toute l'Église, nous célébrons le jour très saint où Marie, dans la gloire de sa virginité, enfanta le Sauveur du monde. Par lui, notre Rédempteur et notre Seigneur, nous te prions : •••

(4) **Pour l'Épiphanie :**
• Toi qui es vraiment saint, toi qui es la source de toute sainteté, Dieu notre Père, nous voici rassemblés devant toi, et, dans la communion de toute l'Église, nous célébrons le jour très saint où ton Fils unique qui partage éternellement ta propre gloire s'est manifesté à nos yeux dans un vrai corps pris de notre chair. Par lui, notre Rédempteur et notre Sauveur, nous te prions : •••

••• Sanctifie ces offrandes en répandant sur elles ton Esprit ; qu'elles deviennent pour nous le corps et ✠ le sang de Jésus, le Christ, notre Seigneur.

Au moment d'être livré et d'entrer librement dans sa passion, il prit le pain, il rendit grâce, il le rompit et le donna à ses disciples, en disant :
« **Prenez, et mangez-en tous** : ceci est mon corps livré pour vous. »
De même, après le repas, il prit la coupe ; de nouveau il rendit grâce, et la donna à ses disciples, en disant :
« **Prenez, et buvez-en tous,** car ceci est la coupe de mon sang, le sang de l'Alliance nouvelle et éternelle, qui sera versé pour vous et pour la multitude en rémission des péchés. Vous ferez cela en mémoire de moi. »

(1) Il est grand, le mystère de la foi :
— Nous annonçons ta mort, Seigneur Jésus, nous proclamons ta résurrection, nous attendons ta venue dans la gloire.

(2) Acclamons le mystère de la foi :
— Quand nous mangeons ce pain et buvons à cette coupe, nous annonçons ta mort, Seigneur ressuscité, et nous attendons que tu viennes.

(3) Qu'il soit loué, le mystère de la foi :
— Sauveur du monde, sauve-nous ! Par ta croix et ta résurrection, tu nous as libérés.

ou :

Proclamons le mystère de la foi :

— Gloire à toi qui étais mort, gloire à toi qui es vivant, notre Sauveur et notre Dieu : viens, Seigneur Jésus !

(Voir p. 237 pour la version latine.)

En faisant ainsi mémoire de la mort et de la résurrection de ton Fils, nous t'offrons, Seigneur, le pain de la vie et la coupe du salut, et nous te rendons grâce, car tu nous as estimés dignes de nous tenir devant toi pour te servir. Humblement, nous te demandons qu'en ayant part au corps et au sang du Christ, nous soyons rassemblés par l'Esprit Saint en un seul corps.

Souviens-toi, Seigneur, de ton Église répandue à travers le monde : fais-la grandir dans ta charité en union avec notre pape N., notre évêque N., et tous les évêques, les prêtres et les diacres.

Souviens-toi aussi de nos frères et sœurs qui se sont endormis dans l'espérance de la résurrection, et souviens-toi, dans ta miséricorde, de tous les défunts : accueille-les dans la lumière de ton visage.

Sur nous tous enfin, nous implorons ta bonté : permets qu'avec la Vierge Marie, la bienheureuse Mère de Dieu, avec saint Joseph, son époux, les Apôtres et tous les saints qui ont fait ta joie au long des âges, nous ayons part à la vie éternelle et que nous chantions ta louange et ta gloire, par ton Fils Jésus, le Christ.

Par lui, avec lui et en lui, à toi, Dieu le Père tout-puissant, dans l'unité du Saint-Esprit, tout honneur et toute gloire, pour les siècles des siècles.

— Amen.

Vient ensuite le rite de la communion, p. 249.

Prière eucharistique nº 3

(Préfaces : p. 228)

Tu es vraiment saint, Dieu de l'univers, et il est juste que toute la création proclame ta louange, car c'est toi qui donnes la vie, c'est toi qui sanctifies toutes choses, par ton Fils, Jésus Christ, notre Seigneur, avec la puissance de l'Esprit Saint ; et tu ne cesses de rassembler ton peuple, afin que, du levant au couchant du soleil, une offrande pure soit présentée à ton nom.

(1) En semaine :

• C'est pourquoi nous te supplions, Seigneur, de consacrer toi-même les offrandes que nous apportons : •••

(2) Le dimanche :

• C'est pourquoi nous voici rassemblés devant toi, Dieu notre Père, et, dans la communion de toute l'Église, nous célébrons le jour où le Christ est ressuscité d'entre les morts. Par lui, que tu as élevé à ta droite, nous te supplions de consacrer toi-même les offrandes que nous apportons : •••

(3) Le 1er janvier :

• C'est pourquoi nous voici rassemblés devant toi, Dieu notre Père, et, dans la communion de toute l'Église, nous célébrons le jour très saint où Marie, dans la gloire de sa virginité, enfanta le Sauveur du monde. Par lui, notre Rédempteur et notre Seigneur, nous te supplions de consacrer toi-même les offrandes que nous apportons : •••

(4) Pour l'Épiphanie :

• C'est pourquoi nous voici rassemblés devant toi, Dieu notre Père, et, dans la communion de toute l'Église, nous célébrons le jour très saint où ton Fils unique qui partage éternellement ta propre gloire s'est manifesté à nos yeux dans un vrai corps pris de notre chair. Par lui, notre Rédempteur et notre Sauveur, nous te supplions de consacrer toi-même les offrandes que nous apportons : •••

••• Sanctifie-les par ton Esprit pour qu'elles deviennent le corps ✛ et le sang de ton Fils, Jésus Christ, notre Seigneur, qui nous a dit de célébrer ce mystère.

La nuit même où il fut livré, il prit le pain, en te rendant grâce il dit la bénédiction, il rompit le pain, et le donna à ses disciples, en disant : « **Prenez, et mangez-en tous** : ceci est mon corps livré pour vous. »

De même, après le repas, il prit la coupe ; en te rendant grâce il dit la bénédiction, et donna la coupe à ses disciples, en disant :
« **Prenez, et buvez-en tous**, car ceci est la coupe de mon sang, le sang de l'Alliance nouvelle et éternelle, qui sera versé pour vous et pour la multitude en rémission des péchés. Vous ferez cela en mémoire de moi. »

(1) Il est grand, le mystère de la foi :
— Nous annonçons ta mort, Seigneur Jésus, nous proclamons ta résurrection,
nous attendons ta venue dans la gloire.

(2) Acclamons le mystère de la foi :
— Quand nous mangeons ce pain et buvons à cette coupe, nous annonçons ta mort, Seigneur ressuscité,
et nous attendons que tu viennes.

(3) Qu'il soit loué, le mystère de la foi :
— Sauveur du monde, sauve-nous !
Par ta croix et ta résurrection,
tu nous as libérés.
ou : Proclamons le mystère de la foi :
— Gloire à toi qui étais mort, gloire à toi qui es vivant, notre Sauveur et notre Dieu : viens, Seigneur Jésus !
(Voir p. 237 pour la version latine.)

Prière eucharistique n° 3

En faisant ainsi mémoire de ton Fils, de sa passion qui nous sauve, de sa glorieuse résurrection et de son ascension dans le ciel, alors que nous attendons son dernier avènement, nous t'offrons, Seigneur, en action de grâce, ce sacrifice vivant et saint. Regarde, nous t'en prions, l'oblation de ton Église, et daigne y reconnaître ton Fils qui, selon ta volonté, s'est offert en sacrifice pour nous réconcilier avec toi. Quand nous serons nourris de son corps et de son sang, et remplis de l'Esprit Saint, accorde-nous d'être un seul corps et un seul esprit dans le Christ.

Que l'Esprit Saint fasse de nous une éternelle offrande à ta gloire, pour que nous obtenions un jour l'héritage promis, avec tes élus : en premier lieu la bienheureuse Vierge Marie, Mère de Dieu, avec saint Joseph, son époux, les bienheureux Apôtres, les glorieux martyrs, (saint N.) et tous les saints, qui ne cessent d'intercéder auprès de toi et nous assurent de ton secours.

Et maintenant nous te supplions, Seigneur : par le sacrifice qui nous réconcilie avec toi, étends au monde entier le salut et la paix. Affermis ton Église, en pèlerinage sur la terre, dans la foi et la charité, en union avec ton serviteur notre pape N., et notre évêque N., l'ensemble des évêques, les prêtres, les diacres, et tout le peuple que tu as racheté. Écoute, en ta bonté, les prières de ta famille, que tu as voulu rassembler devant toi. Dans ta miséricorde, ramène à toi, Père très aimant, tous tes enfants dispersés.

Pour nos frères et sœurs défunts, et pour tous ceux qui ont quitté ce monde et trouvent grâce devant toi, nous te prions : en ta bienveillance, accueille-les dans ton Royaume, où nous espérons être comblés de ta gloire, tous ensemble et pour l'éternité, par le Christ, notre Seigneur, par qui tu donnes au monde toute grâce et tout bien.

Par lui, avec lui et en lui, à toi, Dieu le Père tout-puissant, dans l'unité du Saint-Esprit, tout honneur et toute gloire, pour les siècles des siècles.

— Amen.

Vient ensuite le rite de la communion, p. 249.

Prière eucharistique nº 4

Vraiment, il est bon de te rendre grâce, il est juste et bon de te glorifier, Père très saint, car tu es le seul Dieu, le Dieu vivant et vrai : toi qui es avant tous les siècles, tu demeures éternellement, lumière au-delà de toute lumière. Toi, le Dieu de bonté, la source de la vie, tu as fait le monde pour que toute créature soit comblée de tes bénédictions, et que beaucoup se réjouissent de l'éclat de ta lumière. Ainsi, la foule innombrable des anges qui te servent jour et nuit se tiennent devant toi, et, contemplant la splendeur de ta face, n'interrompent jamais leur louange. Unis à leur hymne d'allégresse, avec la création tout entière qui t'acclame par nos voix, Dieu, nous te chantons (louons) :

Saint ! Saint ! Saint…

(Voir p. 234)

Père très saint, nous proclamons que tu es grand et que tu as fait toutes choses avec sagesse et par amour : tu as créé l'homme à ton image et tu lui as confié l'univers, afin qu'en te servant, toi seul, son Créateur, il règne sur la création. Comme il avait perdu ton amitié par sa désobéissance, tu ne l'as pas abandonné au pouvoir de la mort. Dans ta miséricorde, tu es venu en aide à tous les hommes pour qu'ils te cherchent et puissent te trouver. Tu as multiplié les alliances avec eux, et tu les as formés, par les prophètes, dans l'espérance du salut. Tu as tellement aimé le monde, Père très saint, que tu nous as envoyé ton Fils unique, lorsque les temps furent accomplis, pour qu'il soit notre Sauveur. Dieu fait homme, conçu de l'Esprit Saint, né de la Vierge Marie, il a vécu notre condition humaine en toute chose, excepté le péché, annonçant aux pauvres la bonne nouvelle du salut ; aux captifs, la délivrance ; aux affligés, la joie. Pour accomplir le dessein de ton amour, il s'est livré lui-même à la mort, et, par sa résurrection, il a détruit la mort et renouvelé la vie. Afin que désormais notre vie ne soit plus à nous-mêmes, mais à lui qui est mort et ressuscité pour nous, il a envoyé d'auprès de toi, Père, comme premier don fait aux croyants, l'Esprit Saint qui continue son œuvre dans le monde et achève toute sanctification.

Que ce même Esprit Saint, nous t'en prions, Seigneur, sanctifie ces offrandes : qu'elles deviennent ainsi le corps ✠ et le sang de notre Seigneur Jésus, le Christ, dans la célébration de ce grand mystère, que lui-même nous a laissé en signe de l'Alliance éternelle.

Quand l'heure fut venue où tu allais le glorifier, Père très saint, comme il avait aimé les siens qui étaient dans le monde, il les aima jusqu'au bout : pendant le repas qu'il partageait avec eux, il prit le pain, dit la bénédiction, le rompit et le donna à ses disciples, en disant : « **Prenez, et mangez-en tous :** ceci est mon corps livré pour vous. »

De même, il prit la coupe remplie de vin, il rendit grâce, et la donna à ses disciples, en disant : « **Prenez, et buvez-en tous,** car ceci est la coupe de mon sang, le sang de l'Alliance nouvelle et éternelle, qui sera versé pour vous et pour la multitude en rémission des péchés. Vous ferez cela en mémoire de moi. »

(1) Il est grand, le mystère de la foi :
— Nous annonçons ta mort,
Seigneur Jésus,
nous proclamons ta résurrection,
nous attendons ta venue
dans la gloire.

(2) Acclamons le mystère de la foi :
— Quand nous mangeons ce pain
et buvons à cette coupe,
nous annonçons ta mort,
Seigneur ressuscité,
et nous attendons que tu viennes.

(3) Qu'il soit loué, le mystère de la foi :
— Sauveur du monde, sauve-nous !
Par ta croix et ta résurrection,
tu nous as libérés.
ou :
Proclamons le mystère de la foi :
— Gloire à toi qui étais mort,
gloire à toi qui es vivant,
notre Sauveur et notre Dieu :
viens, Seigneur Jésus !
(Voir p. 237 pour la version latine.)

Voilà pourquoi, Seigneur, nous célébrons aujourd'hui le mémorial de notre rédemption : en rappelant la mort du Christ et sa descente au séjour des morts, en proclamant sa résurrection et son ascension à ta droite, en attendant sa venue dans la gloire, nous t'offrons son corps et son sang, le sacrifice qui est digne de toi et qui sauve le monde entier. Regarde, Seigneur, celui qui s'offre dans le sacrifice que toi-même as préparé pour ton Église, et, dans ta bonté, accorde à tous ceux qui vont partager ce pain et boire à cette coupe d'être rassemblés par l'Esprit Saint en un seul corps, pour qu'ils deviennent eux-mêmes dans le Christ une vivante offrande à la louange de ta gloire.

Et maintenant, Seigneur, rappelle-toi tous ceux pour qui nous offrons le sacrifice : en premier lieu, ton serviteur notre pape N., notre évêque N., et l'ensemble des évêques, les prêtres et les diacres, les fidèles qui présentent cette offrande, les membres de notre assemblée, le peuple entier qui t'appartient, et tous ceux qui te cherchent avec droiture.

Souviens-toi aussi de ceux qui sont morts dans la paix du Christ, et de tous les défunts dont toi seul connais la foi.

À nous qui sommes tes enfants, accorde, Père très bon, l'héritage de la vie éternelle auprès de la Vierge Marie, la bienheureuse Mère de Dieu, auprès de saint Joseph, son époux, des Apôtres et de tous les saints, dans ton Royaume. Nous pourrons alors, avec la création tout entière, enfin libérée de la corruption du péché et de la mort, te glorifier par le Christ, notre Seigneur, par qui tu donnes au monde toute grâce et tout bien.

Par lui, avec lui et en lui, à toi, Dieu le Père tout-puissant, dans l'unité du Saint-Esprit, tout honneur et toute gloire, pour les siècles des siècles.
—Amen.

Vient ensuite le rite de la communion, p. 249.

RITE DE LA COMMUNION

Notre Père

(1) Comme nous l'avons appris du Sauveur, et selon son commandement, nous osons dire :
(2) Unis dans le même Esprit, nous pouvons dire avec confiance la prière que nous avons reçue du Sauveur :

Notre Père qui es aux cieux, que ton nom soit sanctifié,
que ton règne vienne, que ta volonté soit faite sur la terre comme au ciel.
Donne-nous aujourd'hui notre pain de ce jour. Pardonne-nous nos offenses,
comme nous pardonnons aussi à ceux qui nous ont offensés.
Et ne nous laisse pas entrer en tentation, mais délivre-nous du Mal.

(3) *Præceptis salutaribus moniti, et divina institutione formati, audemus dicere : Pater noster, qui es in cælis : sanctificetur nomen tuum ; adveniat regnum tuum ; fiat voluntas tua, sicut in cælo, et in terra. Panem nostrum cotidianum da nobis hodie ; et dimitte nobis debita nostra, sicut et nos dimittimus debitoribus nostris ; et ne nos inducas in tentationem ; sed libera nos a malo.*

Délivre-nous de tout mal, Seigneur, et donne la paix à notre temps : soutenus par ta miséricorde, nous serons libérés de tout péché, à l'abri de toute épreuve, nous qui attendons que se réalise cette bienheureuse espérance : l'avènement de Jésus Christ, notre Sauveur.
— Car c'est à toi qu'appartiennent le règne,
la puissance et la gloire pour les siècles des siècles !

Échange de la paix

Seigneur Jésus Christ, tu as dit à tes Apôtres : « Je vous laisse la paix, je vous donne ma paix » ; ne regarde pas nos péchés mais la foi de ton Église ; pour que ta volonté s'accomplisse, donne-lui toujours cette paix, et conduis-la vers l'unité parfaite, toi qui vis et règnes pour les siècles des siècles. **— *Amen.***
Que la paix du Seigneur soit toujours avec vous. **— *Et avec votre esprit.***
Dans la charité du Christ, donnez-vous la paix.

Fraction du pain

Que le corps et le sang de notre Seigneur Jésus Christ,
réunis dans cette coupe, nourrissent en nous la vie éternelle.

Agneau de Dieu

Agneau de Dieu, qui enlèves les péchés du monde, prends pitié de nous. *(bis)*
Agneau de Dieu, qui enlèves les péchés du monde, donne-nous la paix.

Agnus Dei, qui tollis peccata mundi, miserere nobis. *(bis)*
Agnus Dei, qui tollis peccata mundi, dona nobis pacem.

Communion

(1) Seigneur Jésus Christ, Fils du Dieu vivant, selon la volonté du Père et avec la puissance du Saint-Esprit, tu as donné, par ta mort, la vie au monde ; que ton corps et ton sang très saints me délivrent de mes péchés et de tout mal ; fais que je demeure fidèle à tes commandements et que jamais je ne sois séparé de toi.

(2) Seigneur Jésus Christ, que cette communion à ton corps et à ton sang n'entraîne pour moi ni jugement ni condamnation ; mais que, par ta bonté, elle soutienne mon esprit et mon corps et me donne la guérison.

Voici l'Agneau de Dieu, voici celui qui enlève les péchés du monde.
Heureux les invités au repas des noces de l'Agneau !
— Seigneur, je ne suis pas digne de te recevoir ;
mais dis seulement une parole, et je serai guéri.

Chant de communion *ou antienne de la communion.*

Prière après la communion *voir à la date du jour.*

RITE DE CONCLUSION

Le Seigneur soit avec vous.
— Et avec votre esprit.
Que Dieu tout-puissant vous bénisse, le Père, et le Fils, ✠ et le Saint-Esprit.
— Amen.

Puis le diacre, ou le prêtre lui-même, les mains jointes, tourné vers l'assemblée, dit :

(1) Allez, dans la paix du Christ.
(2) Allez porter l'Évangile du Seigneur.
(3) Allez en paix, glorifiez le Seigneur par votre vie.
(4) Allez en paix.
— Nous rendons grâce à Dieu.

Chants pour la célébration

Les chants en rouge sont consultables à la page indiquée. **Les chants en noir** sont référencés avec leur cote SECLI.

	Ouverture	Renvoi	Communion / Action de grâce	Renvoi
5 jan.	Une lumière s'est levée	p. 253	Tu fais ta demeure en nous	p. 262
	À pleine voix, chantons pour Dieu	p. 254	L'étoile s'est levée sur un enfant	F46-47
	Sur le chemin de ton étoile	FA53-88	Le Seigneur est ma lumière et mon salut	p. 263
12 jan.	Peuple de Dieu, marche joyeux	p. 255	Notre Dieu s'est fait homme	p. 261
	Peuple de baptisés	K106	Par le baptême de renaissance	I296
	Dieu nous a tous appelés	p. 258	Qui regarde vers Dieu	Taizé
19 jan.	Dieu nous accueille en sa maison	p. 256	En marchant vers toi, Seigneur	D380
	Que soit parfaite notre unité	D341-1	Tu as mis sur moi ta main	p. 264
	Marie, mère de Dieu	L'Emmanuel	L'amour a fait les premiers pas	GP204
26 jan.	Écoute la voix du Seigneur	p. 257	L'amour lui-même vous désire	p. 266
	Au cœur de ce monde	EA238-1	Voici le pain que donne Dieu	D50-07
	Que vive mon âme à te louer	p. 260	L'Esprit de Dieu repose sur moi	KX35

Suggestions pour janvier 2025 proposées par Thibault Van Den Driessche, avec ChantonsenÉglise

Une lumière s'est levée *(Ouverture)*

FU514 ; T. et M. : Chants de l'Emmanuel (J.-M. Morin) ; Éd. de l'Emmanuel.

② Ceux qui marchaient dans la nuit de la mort, alléluia, alléluia !
ont vu briller une grande lumière, alléluia, alléluia !

③ Voici qu'un Fils nous est donné, alléluia, alléluia !
Emmanuel prince de la paix, alléluia, alléluia !

④ Vers lui la gloire des nations, alléluia, alléluia !
vers lui l'encens de notre prière, alléluia, alléluia !

⑤ Nous te louons ô Père très saint, alléluia, alléluia !
pour ton Fils Jésus venu nous sauver, alléluia, alléluia !

À pleine voix, chantons pour Dieu *(Ouverture)*

FP180-2SM ; T. : D. Rimaud ; M. : Anonyme ; Studio SM.

① À pleine voix, chantons pour Dieu
nos chants de joie, nos chants de fête !
À pleine voix, chantons pour Dieu
nos chants de joie, nos chants de fête !
Dieu est présent dans un enfant :
sa gloire habite notre terre !
À pleine voix chantons pour Dieu
nos chants de joie, nos chants de fête !

② Ne pensons pas que Dieu se tait
quand il se dit par sa naissance !
Ne pensons pas que Dieu se tait
quand il se dit par sa naissance !
Dieu est ici et tout est dit :
cherchons où lève sa semence !
Ne pensons pas que Dieu se tait
quand il se dit par sa naissance !

③ Ne marchons plus à perdre cœur
par des chemins sans espérance !
Ne marchons plus à perdre cœur
par des chemins sans espérance !
Dieu va sauver le monde entier,
en se chargeant de nos souffrances.
Ne marchons plus à perdre cœur
par des chemins sans espérance !

④ Rien ne pourra nous séparer
de l'amitié que Dieu nous porte !
Rien ne pourra nous séparer
de l'amitié que Dieu nous porte !
Par Jésus Christ, et dans l'Esprit,
cette assurance est la plus forte.
Rien ne pourra nous séparer
de l'amitié que Dieu nous porte !

⑤ Pour annoncer les temps nouveaux
prenons le pain de sa tendresse !
Pour annoncer les temps nouveaux
prenons le pain de sa tendresse !
Vienne le jour de son retour :
que tous les hommes le connaissent !
Pour annoncer les temps nouveau,
prenons le pain de sa tendresse !

Peuple de Dieu, marche joyeux (Ouverture)

K180; T. : D. Rimaud; M. : C. Villeneuve; Fleurus.

Refrain : **Peuple de Dieu, marche joyeux, alléluia ! alléluia !**
Peuple de Dieu, marche joyeux, car le Seigneur est avec toi.

① **Dieu t'a choisi parmi les peuples :**
pas un qu'il ait ainsi traité.
En redisant partout son œuvre,
sois le témoin de sa bonté.

② **Dieu t'a formé dans sa parole,**
et t'a fait part de son dessein :
annonce-le à tous les hommes
pour qu'en son peuple
ils ne soient qu'un.

③ **Tu es le peuple de l'Alliance,**
marqué du sceau de Jésus Christ :
mets en lui seul ton espérance
pour que ce monde vienne à lui.

④ **Dieu t'a tiré de l'esclavage,**
il t'a rendu ta liberté.
En souvenir de ton passage,
brise les liens des opprimés.

⑤ **Dieu t'a lavé de toute offense,**
en te marquant du sang sauveur.
Il s'est chargé de tes souffrances :
souffre avec lui pour les pécheurs.

⑥ **Tu as passé par le baptême :**
tu es le corps du Bien-Aimé.
Compte sur Dieu, ton Dieu lui-même
a fait de toi son envoyé.

⑦ **Dieu t'a nourri avec largesse**
quand tu errais aux lieux déserts :
vois ton prochain dans la détresse,
secours en lui ta propre chair.

⑧ **Dieu a dressé pour toi la table,**
vers l'abondance, il t'a conduit :
à toi de faire le partage
du pain des hommes aujourd'hui.

Dieu nous accueille en sa maison (Ouverture)

A174; T. : J.-P. Lécot; M. : J.-P. Lécot, G.-P. Palestrina (XVIe siècle); Zech.

Refrain : **Dieu nous accueille en sa maison, Dieu nous invite à son festin : jour d'allégresse et jour de joie ! Alléluia !**

① Oh, quelle joie quand on m'a dit : approchons-nous de sa maison dans la cité du Dieu vivant !

② Jérusalem, réjouis-toi, car le Seigneur est avec toi : pour ton bonheur, il t'a choisie !

③ Criez de joie pour notre Dieu, chantez pour lui, car il est bon, car éternel est son amour.

④ Avec Jésus, nous étions morts ; avec Jésus, nous revivons, nous avons part à sa clarté.

⑤ Approchons-nous de ce repas où Dieu convie tous ses enfants, mangeons le pain qui donne vie.

⑥ « Si tu savais le don de Dieu », si tu croyais en son amour, tu n'aurais plus de peur en toi.

⑦ Que Jésus Christ nous garde tous dans l'unité d'un même corps, nous qui mangeons le même pain.

⑧ Soyons témoins de son Esprit ! Que disparaisse toute peur ! Montrons au monde notre foi !

Écoute la voix du Seigneur *(Ouverture)*

X548 ; T. : D. Rimaud ; M. : J. Berthier ; Studio SM.

① **Écoute la voix du Seigneur, prête l'oreille de ton cœur.**
Qui que tu sois ton Dieu t'appelle, qui que tu sois, il est ton Père.

Refrain : **Toi qui aimes la vie, ô toi qui veux le bonheur,**
réponds en fidèle ouvrier, de sa très douce volonté.
réponds en fidèle ouvrier, de l'Évangile et de sa paix.

② **Écoute la voix du Seigneur, prête l'oreille de ton cœur.**
Tu entendras que Dieu fait grâce, tu entendras l'esprit d'audace.

③ **Écoute la voix du Seigneur, prête l'oreille de ton cœur.**
Tu entendras crier les pauvres, tu entendras gémir ce monde.

④ **Écoute la voix du Seigneur, prête l'oreille de ton cœur.**
Tu entendras grandir l'Église, tu entendras sa paix promise.

⑤ **Écoute la voix du Seigneur, prête l'oreille de ton cœur.**
Qui que tu sois fais-toi violence, qui que tu sois, rejoins ton frère.

Dieu nous a tous appelés (Ouverture)

KD14-56-1 ; T. : CNPL/D. Rimaud ; M. : J. Berthier ; ADF – Studio SM.

2. Dieu nous a tous appelés des ténèbres à sa lumière,
pour former un seul corps baptisé dans l'Esprit.
Dieu nous a tous appelés à l'amour et au pardon,
pour former un seul corps baptisé dans l'Esprit.

3. Dieu nous a tous appelés à chanter sa libre louange,
pour former un seul corps baptisé dans l'Esprit.
Dieu nous a tous appelés à l'union avec son Fils,
pour former un seul corps baptisé dans l'Esprit.

4. Dieu nous a tous appelés à la paix que donne sa grâce,
pour former un seul corps baptisé dans l'Esprit.
Dieu nous a tous appelés sous la croix de Jésus Christ,
pour former un seul corps baptisé dans l'Esprit.

Que vive mon âme à te louer (Ouverture)

T. et M. : B. Ducatel ; Éd. de l'Emmanuel.

Refrain : **Que vive mon âme à te louer,
tu as posé une lampe,
une lumière sur ma route,
ta parole Seigneur, ta parole Seigneur.**

① **Heureux ceux qui marchent dans tes voies Seigneur !
De tout mon cœur je veux garder ta parole,
ne me délaisse pas Dieu de ma joie.**

② **Heureux ceux qui veulent faire ta volonté !
Je cours sans peur sur la voie de tes préceptes
et mes lèvres publient ta vérité.**

③ **Heureux ceux qui suivent tes commandements !
Oui, plus que l'or, que l'or fin, j'aime ta loi ;
plus douce que le miel est ta promesse.**

④ **Heureux ceux qui méditent sur la Sagesse !
Vivifie-moi, apprends-moi tes volontés ;
dès l'aube, de ta joie tu m'as comblé.**

Notre Dieu s'est fait homme *(Action de grâce)*

EDIT15-56 ; T. et M. : M. Dannaud ; Éd. de l'Emmanuel.

① **Notre Dieu s'est fait homme pour que l'homme soit Dieu,**
mystère inépuisable, fontaine du salut.
Quand Dieu dresse la table, il convie ses amis
pour que sa vie divine soit aussi notre vie !

② **Le Seigneur nous convoque par le feu de l'Esprit**
au banquet de ses noces célébrées dans la joie.
Nous sommes son Église, l'épouse qu'il choisit
pour vivre son alliance et partager sa vie.

③ **Merveille des merveilles, miracle de ce jour !**
Pour nous Dieu s'abandonne en cette eucharistie.
Chassons toute indolence, le Christ est parmi nous,
accueillons sa présence et offrons-nous à lui.

④ **Dieu se fait nourriture pour demeurer en nous,**
il se fait vulnérable et nous attire à lui.
Mystère d'indigence, d'un Dieu qui s'humilie
pour que sa créature soit transformée en lui.

⑤ **Il frappe à notre porte le Seigneur tout-puissant,**
il attend humble et pauvre, mendiant de notre amour.
Dénué d'arrogance, sous l'aspect de ce pain,
il se donne en offrande pour demeurer en nous.

Tu fais ta demeure en nous (Communion)

D56-49; T. et M. : Communauté de l'Emmanuel (S. Drouineau); Éd. de l'Emmanuel.

② Par le don de ta vie, tu désires aujourd'hui
reposer en nos cœurs,
brûlé de charité, assoiffé d'être aimé,
tu fais ta demeure en nous, Seigneur.

③ Unis à ton amour, tu nous veux pour toujours
ostensoirs du Sauveur,
en notre humanité, tu rejoins l'égaré,
tu fais ta demeure en nous, Seigneur.

Le Seigneur est ma lumière et mon salut *(Action de grâce)*

DEV520; T. et M. : J.-B. du Jonchay; Éd. du Carmel.

Refrain : **Le Seigneur est ma lumière et mon salut, de qui aurais-je crainte ?
Le Seigneur est le rempart de ma vie, devant qui tremblerais-je ?**

① J'ai demandé une chose au Seigneur
la seule que je cherche,
habiter la maison du Seigneur,
tous les jours de ma vie.

② Habiter ta maison Seigneur
pour l'admirer en ta beauté
et m'attacher à ton Église, Seigneur,
m'attacher à ton Église, Seigneur.

③ J'en suis sûr, je verrai les bontés
du Seigneur sur la terre des vivants.
Espère, sois fort et prends courage,
espère, espère le Seigneur !

Tu as mis sur moi ta main *(Action de grâce)*

X83-78; T. et M. : B. Pavageau; Éd. de l'Emmanuel.

COUPLETS ♩ = 76

1. Sei-gneur, tu me scrutes et tu__ sais tout !__
2. A - vant qu'un mot ne__ par-vienne à toi,__
3. C'est toi qui a fa - çon - né__ mes reins,__
4. Où al - ler loin de__ ta face,__ ô Dieu ?__

1. Quand je viens, tu__ sais, tu pé - nè - tres mes pen-sées.__
2. tu sais tout mon__ Dieu, tu de-van-ces mes pen-sées.__
3. toi qui m'a tis - sé dans le sein ma - ter - nel.__
4. Où m'en-fui - rais - je ? Tu ha - bi - tes terre et cieux.__

1. Que je marche ou me__ re - pose__ en toi,__
2. Ta main me con-duit,__ tu me__ sai - sis__
3. Quel pro - di - ge tu__ as fait__ en moi !__
4. La nuit de - vient lu - mière a - vec toi,__

Si Do Ré
1. sur moi tu veilles, tu con-nais tous mes sen-tiers.
2. par ta sa-gesse qui dé-pas-se les hau-teurs.
3. Ta cré-a-ture ma-ni-fes-te ton a-mour !
4. plus de té-nèbres, tout res-plen-dit de-vant toi.
REFRAIN
Lam Ré
Pè-re, tu as mis sur moi ta main.
3 Mim 3 Do7M
Sei-gneur, tu es saint ; Sei-gneur, tu es saint.
Lam Ré
Pè-re, ta lu-mière est ap-pa-rue
3 Do Sol
en ton Fils Jé-sus, en ton Fils Jé-sus.

L'amour lui-même vous désire (Communion)

DEV47-92; T. et M. Communauté de l'Emmanuel (V. Voge); Éd. de l'Emmanuel.

REFRAIN ♩ = 65

COUPLETS

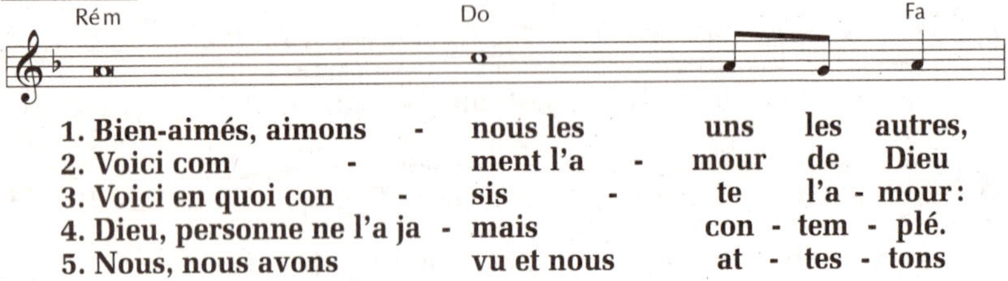

1. puisque l'a - mour vient de Dieu.
2. s'est manifes - té parmi nous :
3. ce n'est pas nous qui a - vons aimé Dieu,
4. Mais si nous nous ai - mons les uns les autres,
5. que le Père a envoyé son Fils comme Sau - veur du monde.

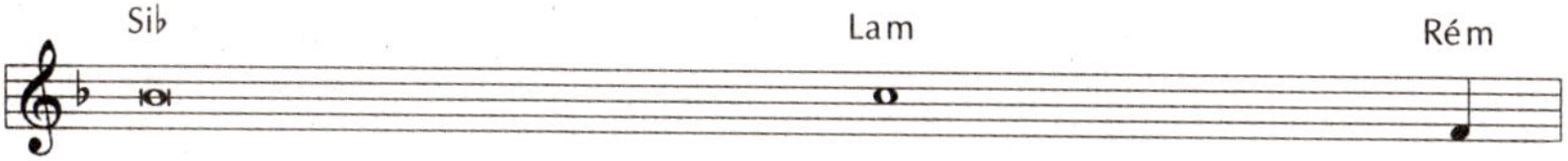

1. Celui qui aime est né de Dieu et connaît Dieu.
2. Dieu a envoyé son Fils u - nique dans le monde
3. mais c'est lui qui nous a ai - més
4. Dieu de - meure en nous,
5. Celui qui proclame que Jé - sus est le Fils de Dieu,

1. Celui qui n'aime pas n'a pas connu Dieu, car Dieu est a - mour.
2. pour que nous vi - vions par lui.
3. pour que nous reve - nions à lui.
4. et, en nous, son amour est ac - com - pli.
5. Dieu demeure en lui, et lui en Dieu.

CHANTS POUR L'ORDINAIRE

Kyrie

AL51-82; T. : AELF; M. : J.-J. Roux; ADF musique.

Gloria

AL51-82; T. : AELF; M. : J.-J. Roux; ADF musique.

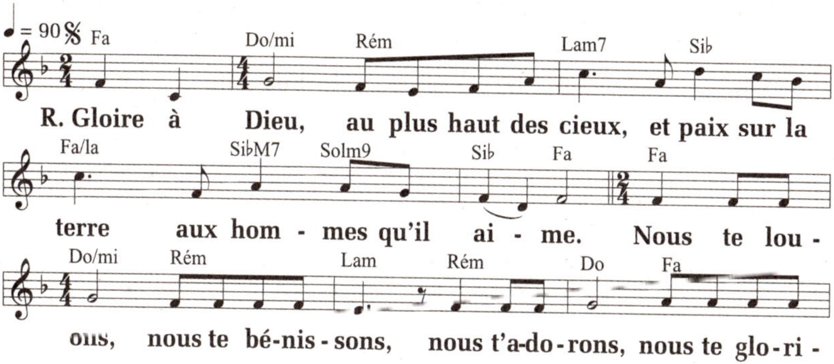

Sib Fa Fa/la Do7 Rém Rém/do Sib Fa Do4 - 3
fions, nous te ren-dons grâ-ce, pour ton im - men-se gloi-re,
Fa Do Do#dim Rém Lam/do Sib Do7
Sei-gneur Dieu, Roi du ciel, Dieu le Pè - re tout-puis -
Fa Fa/la Sib Do7 Rém Sib6 La Rém
sant. Sei - gneur, Fils u - ni - que, Jé - sus Christ, Sei-gneur
Sib9 Fa/do Do#dim Rém Sib4 Solm7 Do4 - 3
Dieu, A-gneau de Dieu, le Fils du Pè - re;
Rém Lam Rém Lam Rém Lam Rém
toi qui en - lè-ves les pé-chés du mon de, prends pi-tié de nous;
Fa Do Fa Do Fa Sib6 Fa
toi qui en-lè-ves les pé-chés du mon-de, re-çois no-tre pri - è-re;

Rém Lam Sib9 Lam9 Rém Solm7 Do7
toi qui es as-sis à la droi-te du Pè-re, prends pi-tié de nous.
Fa Sib6 Do7/4 Do#dim Rém Rém7 Sib Do#dim
Car toi seul es saint, toi seul es Sei -
Rém Fa/la Sib Do Do#dim7 Rém Rém6/do Solm7/sib La Fa
gneur, toi seul es le Très - Haut: Jé - sus Christ, a -
Sib Do#dim Rém Lam Sib Do7 Fa Solm7/sib Do4 - 3
vec le Saint - Es - prit dans la gloi - re de Dieu le Pè-re.
Fa Do/mi Rém Lam7 Sib Fa/la Solm7 Rém Sib Fa
A - men! A - men! A - men! A - men! A - men!

Sanctus

AL51-82 ; T. : AELF ; M. : J.-J. Roux ; ADF musique.

Agnus Dei

AL51-82 ; T. : AELF ; M. : J.-J. Roux ; ADF musique.

LES RENDEZ-VOUS DE JANVIER 2025

SOMMAIRE

Chemin d'étoiles
Jacques Nieuviarts
p. 276

Les seconds rôles dans la Bible
Anne Lécu
p. 278

Trésors de la liturgie
Emmanuelle Billoteau
p. 281

Jubilé de l'espérance 2025
Sylvaine Lacout
p. 284

Témoignage de lecteur ...... *p. 286*
Question du mois ...... *p. 288*
Pèlerinage ...... *p. 289*
Église du monde ...... *p. 290*
Reportage ...... *p. 292*
Messes TV radio ...... *p. 297*
Culture ...... *p. 298*
Agenda ...... *p. 301*

Au seuil de l'année

Avec janvier arrive la saison des vœux. Bonne, belle, douce… le début de la nouvelle année ouvre la porte à tous les possibles. Une porte, comme celles de l'année sainte, ouvertes pour cette année jubilaire. Alors, pour 2025, souhaitons-nous de passer la porte, c'est-à-dire, de faire un pas de plus pour nous approcher du Christ, qui est la porte véritable. Dans ce numéro, passons la porte du temps avec Sylvaine Lacout, dans sa nouvelle chronique. Évoqué dans le récit biblique de la Création par la lumière et les luminaires du ciel, le temps nous est donné depuis les origines pour prendre rendez-vous avec Dieu et vivre en sa présence. Passons aussi la porte de la rencontre comme la centaine de jeunes qui se retrouvent au patronage de la Belle-de-Mai à Marseille. Notre journaliste s'est rendue sur place et a pu constater comment, à partir du soutien scolaire et jusqu'au développement de ses propres talents, cette association accompagne et crée des amitiés entre des familles d'horizons très différents. Des portes, vous en connaissez tellement ! Je vous souhaite de les passer avec joie. Sainte année jubilaire, chers lecteurs ! ■

Karem Bustica
Rédactrice en chef de Prions en Église

« Le début de la nouvelle année ouvre la porte à tous les possibles. »

CHEMIN D'ÉTOILES

Jacques Nieuviarts, prêtre assomptionniste

Les mages lisaient le ciel et marchaient

Mais qui sont vraiment les mages venus d'Orient ? Étaient-ils seulement trois ? et rois ? La mémoire croyante nous en donne un récit plus théologique qu'historique.

Matthieu raconte, en un récit très simple et imagé, l'histoire des « mages venus d'Orient », qui lisaient le ciel et suivaient l'étoile ! Parvenus à Jérusalem, ils interrogent sur « le roi des Juifs qui vient de naître ». Ils ont « vu son étoile à l'orient » et sont venus se prosterner devant lui (Mt 2, 2). Le mot qui désigne les mages apparaît seulement trois fois en grec dans la Bible : ici et dans deux versets du livre de Daniel qui ne seraient pas à leur avantage, assimilés aux « magiciens, enchanteurs et devins » qui interprètent les songes du roi (Dn 2, 2.10), au point qu'on les a parfois nommés charlatans ! Mais toute la tradition ultérieure en parle comme des « sages » et, puisqu'ils suivent l'étoile, probablement des astrologues. C'est cette image qu'a retenue la mémoire collective. Mais qui sont-ils ? Ils ont un lointain ancêtre qui vit, lui aussi, se lever « l'étoile » à l'orient : le prophète païen Balaam, lorsque Balaq, roi de Moab, le fit appeler pour maudire les Israélites. Le Seigneur lui parla au cœur et il ne put que les bénir, jusqu'à annoncer l'astre ou « l'étoile » qu'il voyait se lever et « le sceptre » dont elle était le signe, « mais pas pour maintenant » (cf. Nb 24, 17). Matthieu a ce récit à l'esprit lorsqu'il raconte la venue des mages à Bethléem. Balaam annonça la venue du Messie, les mages viennent l'adorer. La tradition a pensé qu'ils étaient trois, du nombre de leurs présents, et a fait d'eux des rois, laissant affleurer à la mémoire les mots des psaumes : « Tous les rois se prosterneront devant lui, tous les pays le serviront » (Ps 71, 11), et ceux d'Isaïe : « Les nations marcheront vers ta lumière, et les rois, vers la clarté de ton aurore [...]. Tous les gens de Saba viendront, apportant l'or et l'encens » (Is 60, 3.6). La prière chrétienne a médité ces textes. L'or honore en Jésus le roi, l'encens, celui qui est Dieu, et la myrrhe, celui qui connaîtra la mort, mais en sera vainqueur. Ainsi s'exprime déjà, en filigrane du récit, tout le mystère pascal. Matthieu ne mentionne pas de chameaux, ne dit pas qu'ils sont trois ni qu'ils sont rois. C'est la mémoire croyante, des psaumes et d'Isaïe, qui les a introduits dans notre lecture d'un récit infiniment plus théologique qu'historique, qui nous entraîne à leur suite ! ■

Matthieu a le récit de Balaam à l'esprit lorsqu'il raconte la venue des mages à Bethléem.

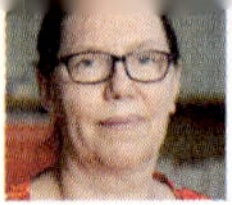

LES SECONDS RÔLES DANS LA BIBLE

Anne Lécu, dominicaine

Beçalel, le maître d'œuvre de l'arche d'Alliance

Beçalel, dont on ne perçoit l'existence qu'à travers moins de dix versets dans le livre de l'Exode, a passé littéralement sa vie à l'ombre du Seigneur.

Lorsque Moïse est sur la montagne avec Dieu, outre les dix paroles qui vont aider le peuple à garder l'Alliance offerte par le Seigneur, il reçoit toutes les consignes qui conviennent pour construire l'arche d'Alliance, la maison qui va abriter ces dix paroles, le Décalogue. Il ne sait pas alors que pendant ce temps-là, son frère Aaron et son peuple, désespérés de ne pas le voir redescendre, sont en train de construire un veau en or, une idole. Parmi les aides que le Seigneur a prévues pour Moïse, on trouve Beçalel. C'est un homme issu de la tribu de Judas, un maître d'œuvre doué pour tout, et c'est lui qui va organiser la construction de l'arche d'Alliance. Il s'agit d'une sorte de vocation car le texte de l'Exode met explicitement dans la bouche de Dieu l'expression suivante : « J'ai appelé par son nom Beçalel, fils d'Ouri, fils de Hour, de la tribu de Juda. Je l'ai rempli de l'esprit de Dieu pour qu'il possède la sagesse, l'intelligence, la connaissance et le savoir-faire pour toutes sortes de travaux : la création artistique, le travail de l'or, de l'argent, du bronze, la taille des pierres précieuses, la sculpture sur bois et toutes sortes de travaux » (Ex 31, 2-5).

Il s'agit d'un appel, personnel, un appel « par son nom ». Le nom de Beçalel signifie « dans l'ombre de Dieu ». On ne sait que peu de choses sur cet homme, sinon qu'il a répondu à cet appel de Dieu par la voix de Moïse, qu'il a vu ce qui était bon aux yeux du Seigneur et qu'il l'a accompli. Il a reçu des adjoints, il a su travailler avec eux, organiser ...

Première Alliance

« Beçalel [...] à qui le Seigneur a donné sagesse et intelligence pour concevoir et exécuter les travaux au service du sanctuaire. »

Exode 36, 1

... le chantier et, tous ensemble, ils ont conçu et exécuté « les travaux au service du sanctuaire » selon « ce que le Seigneur avait ordonné » (Ex 36, 1). Tout le chapitre 37 du livre de l'Exode raconte ce qu'il fit : l'arche en bois d'acacia, plaquée d'or, le propitiatoire et les deux chérubins en or posés dessus pour garder les dix paroles, le Décalogue, l'autel de l'encens, et le chandelier à sept branches, tout le mobilier du Saint des saints en somme. C'est lui aussi qui confectionna l'huile d'onction sainte et l'encens aromatique. Cet homme, dont on ne perçoit l'existence qu'à travers moins de dix versets, a passé littéralement sa vie à l'ombre du Seigneur, à construire son sanctuaire.

Comment ne pas penser à ses lointains successeurs aujourd'hui, les artisans qui ont reconstruit Notre-Dame de Paris, et plus largement tous les artistes qui vivent à l'ombre des œuvres qu'ils offrent au monde et d'une certaine manière « à l'ombre de Dieu » et qui disent, chacune à sa façon, la transcendance de la beauté qui ne cesse de murmurer quelque chose de la transcendance de Dieu ? ■

Nouvelle Alliance

« Le sanctuaire de Dieu, qui est dans le ciel, s'ouvrit, et l'arche de son Alliance apparut dans le Sanctuaire. »

Apocalypse 11, 19

Emmanuelle Billoteau, ermite

Le dimanche de la Parole

En ce mois de janvier, nous célébrons le troisième dimanche du temps ordinaire, désormais appelé le « dimanche de la Parole ». Il succède à la Semaine de prière pour l'unité rappelant aux chrétiens de toutes confessions leur héritage commun.

Le dimanche de la Parole a été institué en 2019 par une lettre apostolique du pape François *(Aperuit illis)*. La lettre s'inscrit dans la continuité de la Constitution sur la parole de Dieu *(Dei Verbum)*, de l'exhortation apostolique de Benoît XVI *(Verbum Domini)* et du travail de la Commission biblique pontificale traitant des différentes interprétations de la Bible dans l'Église. Des textes qui invitent chacun à puiser dans le trésor des Écritures. Ce troisième dimanche est donc « "entièrement consacré à la parole de Dieu, pour comprendre l'inépuisable richesse qui provient de ce dialogue constant de Dieu avec son peuple" *(Misericordia et misera § 7)*. Consacrer de façon particulière un dimanche de l'année liturgique à la parole de Dieu permet, par-dessus tout, de faire revivre à…

... l'Église le geste du Ressuscité qui ouvre également pour nous le trésor de sa parole afin que nous puissions être dans le monde des annonciateurs de cette richesse inépuisable » (A. I. § 2). Référence est faite ici, à l'intervention du Ressuscité sur la route d'Emmaüs, ouvrant à ses disciples l'intelligence des Écritures (Lc 24, 45). Cet épisode montre que la démarche n'est pas simplement intellectuelle, même si celle-ci s'avère indispensable à un moment ou à un autre. L'enjeu est bien existentiel, il y va de la compréhension de l'événement pascal, de la déception et de la tristesse occasionnées par la mort de Jésus et de la difficulté pour les disciples à faire le lien entre ce qu'ils avaient compris de son message et la réalité à laquelle ils étaient confrontés. N'en est-il pas de même pour nous en ces temps troublés que nous vivons à l'échelle mondiale et ecclésiale ? La lettre apostolique manifeste que le dimanche de la Parole est une occasion de prendre conscience de ce fait : la compréhension des Écritures nous est donnée par le Christ lui-même. Autant dire qu'il nous appartient de prier pour être éclairés et passer de la lecture d'un texte ancien à l'expérience d'une parole vive par laquelle Dieu vient nous rejoindre ici et maintenant. Nous pouvons nous rappeler que « pour atteindre ce but salvifique, l'Écriture sainte, sous l'action de l'Esprit Saint, transforme en parole de Dieu la parole des hommes écrite de manière humaine. Le rôle de l'Esprit Saint dans la Sainte Écriture est fondamental » (A. I. § 9). Chacun de nous a fait ou peut faire une expérience fondatrice qui change sa vie en profondeur, lui donnant un autre regard sur la réalité et l'incitant à de nouveaux choix. Saint Athanase nous rapporte que saint Antoine s'est mis en route après avoir entendu comme une parole lui étant personnellement adressée : « Va, vends tout ce que tu as, donne-le aux pauvres puis viens et suis moi. » Sainte Synclétique a été touchée par un verset du Cantique des Cantiques : « Je suis à mon bien-aimé, mon bien-aimé est à moi » (Ct 6, 3).

Le dimanche de la Parole est l'occasion de faire mémoire des paroles qui nous ont permis de franchir des étapes dans notre relation à Dieu.

Ce dimanche peut être pour nous l'occasion de faire mémoire des paroles qui nous ont permis de franchir de nouvelles étapes dans notre relation à Dieu, qui ont nourri notre prière, nous ont aidés à traverser l'épreuve, à opérer un discernement et à faire des choix. D'où l'intérêt de consigner les paroles qui nous font vivre. Ce qui suppose une intériorisation de la Parole entendue lors des célébrations liturgiques, laquelle demande à être ruminée, méditée dans le silence ou partagée entre chrétiens. Ce dimanche peut être également l'occasion, comme le suggère le pape François citant Vatican II, de s'interroger sur le rapport entre la Parole et le sacrement de l'eucharistie. « L'Église a toujours vénéré les divines Écritures comme elle le fait aussi pour le corps même du Seigneur, elle qui ne cesse pas, surtout dans la sainte liturgie, de prendre le pain de vie de la table de la parole de Dieu et de celle du corps du Christ, pour l'offrir aux fidèles » *(Dei Verbum* § 21). ■

Sylvaine Lacout, théologienne,
laïque consacrée de la communauté des Béatitudes

Le jubilé, ou prendre du temps pour Dieu

Dès le récit de la Création dans le livre de la Genèse, la Bible instaure des rendez-vous pour que l'homme prenne du temps pour Dieu.

Le jubilé est pour l'Église un événement extraordinaire de grâce et de renouveau spirituel célébré tous les 25 ans. Avec l'ouverture de la porte sainte de Saint-Pierre de Rome par le pape le 24 décembre dernier, les catholiques sont invités à entrer dans le jubilé 2025 en prenant du temps pour Dieu.

La Bible donne une place particulière au temps. Le chapitre premier de la Genèse déroule le majestueux récit de la Création qui est rythmé par un verset qui revient comme un refrain – « il y eut un soir, il y eut un matin » – jusqu'au sixième jour, le septième ayant son propre rythme.

Dans ce calendrier de la Création, trois moments se détachent, ces moments sont liés au temps ils structurent le récit. Le premier jour, « Dieu dit : "Que la lumière soit !" Et la lumière fut. Dieu vit que la lumière était bonne, et Dieu sépara la lumière des ténèbres » (Gn 1, 3-4). La lumière est la première création, elle est opposée aux ténèbres qui ne sont pas créées mais repoussées. Le texte poursuit : « Dieu appela la lumière “jour” et il l’appela les ténèbres “nuit”. Il y eut un soir, il y eut un matin : premier jour » (Gn 1, 5). L’apparition de la lumière signifie l’apparition du temps et l’alternance de la nuit et du jour.

Le quatrième jour sont créés les luminaires, « Qu’il y ait des luminaires au firmament du ciel, pour séparer le jour de la nuit; qu’ils servent de signes pour marquer les fêtes, les jours et les années; et qu’ils soient, au firmament du ciel, des luminaires pour éclairer la terre ». (Gn 1, 14-15). Les luminaires rythment ainsi le temps. Le récit se termine par la mise en place d’un temps sacré, le septième jour : « Le septième jour, Dieu avait achevé l’œuvre qu’il avait faite. Il se reposa, le septième jour, de toute l’œuvre qu’il avait faite. Et Dieu bénit le septième jour : il le sanctifia » (Gn 2, 2-3a). Ce septième jour est béni par Dieu et l’homme qui l’observe est à son tour béni.

L’homme est invité à sanctifier le temps, à se rendre présent à la présence du Dieu vivant dans sa vie.

Le temps est donné à l’homme pour vivre en présence de son Dieu au rythme des différentes fêtes, du shabbat, de l’année shabbatique, du jubilé… La Bible instaure ainsi des rendez-vous réguliers entre l’homme et son Dieu. L’homme est invité à sanctifier le temps, à se rendre présent à la présence du Dieu vivant dans sa vie. Aussi, pendant ce temps jubilaire, prenons du temps pour Dieu afin de recevoir sa bénédiction. ■

Propos recueillis par **Geneviève Pasquier**, journaliste

Unis par la prière

Monique Mauras vit à Paris. Âgée de 85 ans, elle a enseigné la physique chimie en lycée pendant toute sa carrière. Faire le lien entre théorie et expérience et ne jamais perdre de vue le concret sont toujours restés le fil conducteur de sa vie de foi.

« Je ne suis pas une grande priante, car je me concentre difficilement et j'ai besoin d'une aide pour prier. Alors, quand j'ai pris ma retraite, je me suis abonnée à *Prions en Église* pour lire quotidiennement la parole de Dieu afin qu'elle nourrisse ma prière. Je n'ai pas d'horaire précis ni de rituel particulier, mais chaque jour, je m'astreins à m'asseoir pour prendre un temps pour Dieu.

Ce compagnonnage quotidien, c'est ma béquille pour prier ! Je casse ainsi le rythme d'une journée parfois bien chargée pour me laisser bousculer par les textes de la liturgie proposés par l'Église. S'asseoir, c'est l'exercice qui m'ancre dans le réel et m'ouvre à la prière. À la lumière des textes, des clés de lecture et des commentaires, je retiens une idée ou une question. Celle-ci accompagne ma prière et me trotte dans la tête

© Sandrine Martin

pendant ma journée, voire plus. C'est comme une pépite qui me rappelle que l'Esprit Saint est à l'œuvre et que la parole de Dieu s'incarne en moi. Quand je pars en vacances ou chez mes enfants, je glisse mon livret dans mes bagages. Certes, j'ai l'appli "Prions", mais je ne peux pas me passer du papier, car j'ai besoin de toucher, de souligner. Sans doute une déformation de scientifique où le réel, le concret sont à l'origine de nouvelles découvertes ! J'aime aussi l'idée de faire Église en étant reliée, par le biais des textes, à tous ces priants qui, comme moi, chaque jour, prennent le temps de s'adresser à Dieu. La modestie du support, la simplicité de sa mise en page, la diversité des commentaires et des propositions qui me conviennent ou pas, me font toucher du doigt que, bien que nous soyons tous différents, nous formons une Église unie par la prière. »

QUESTION DU MOIS

Qu'est-ce qu'un docteur de l'Église ?

L'Église compte aujourd'hui trente-sept docteurs de l'Église, hommes et, depuis Vatican II, femmes. Le pape les désigne docteurs en raison de leur apport à la théologie, à l'enseignement et la doctrine de l'Église, ou ayant influencé la spiritualité. Boniface VIII a nommé les quatre premiers, dont saint Augustin, à la fin du XIIIe siècle. Après lui Pie V en a déclaré cinq, dont saint Thomas d'Aquin. Et cela s'est poursuivi au fil des siècles : saint Bernard et saint Antoine de Padoue sont de ceux-là, ainsi que les deux Thérèse. La sainte d'Avila a été proclamée docteur de l'Église en 1970, et celle de Lisieux en 1997.

Reconnus exemplaires dans leur foi et dans leur vie, ces femmes et hommes, saints et saintes canonisés, ne deviennent docteurs qu'à titre posthume. Chaque parcours est singulier. Hildegarde de Bingen a été canonisée en mai 2012 par Benoît XVI, qui l'a proclamée docteur de L'Église quelques mois plus tard, en octobre de la même année. François a proclamé saint Irénée de Lyon docteur de l'Église en janvier 2022, avec la mention « docteur de l'unité ».

Il ne faut pas les confondre avec les Pères de l'Église, ceux-ci étant les auteurs chrétiens des six ou sept premiers siècles. Mais saint Jérôme et saint Augustin sont à la fois l'un et l'autre, « Père » et « docteur » de l'Église. ■

Michèle Clavier,
théologienne

Léa Duval, volontaire avec la DCC* et professeur de français à Meknès (Maroc)

Le bonheur est relation

« Pendant ma mission à Meknès, dépassant les défis linguistiques et culturels, j'ai découvert la gentillesse et la générosité des Marocains. Je me suis liée à la population, cherchant à comprendre ses traditions religieuses. J'ai travaillé auprès des frères franciscains qui animent le Centre Saint-Antoine, au cœur de la médina. Ils œuvrent à travers des projets culturels ou des actions ciblées pour aider les familles nécessiteuses, les orphelins, les personnes handicapées, toute la pauvreté urbaine. J'ai été touchée par la vie simple des frères, leur dévouement, leur compagnonnage au jour le jour auprès des pauvres, en accord avec la spiritualité de saint François qui appelait aussi à partir à la rencontre des musulmans. Le frère Franco m'a particulièrement marquée. Il m'a fait comprendre que la vie est bien plus que de suivre une carrière ou d'acquérir des biens matériels. Le véritable bonheur se trouve dans les relations et le respect que nous avons les uns pour les autres et dans la contribution positive que nous pouvons apporter à la société. Cette expérience de volontariat a développé chez moi un plus grand sens de compassion et de générosité envers les autres. » ■

La Délégation catholique pour la coopération (DCC) est le service du volontariat de l'Église en France.

© DCC / L. Duval

1. Léa Duval (au centre) avec des Marocaines pour fêter le petit Aïd à Midelt. 2. Avec frère Franco et des Marocaines au centre Saint-Antoine à Meknès. 3. Journée de lutte contre les violences faites aux femmes.

Anne-Quitterie Jozeau, journaliste

Au patronage de la Belle-de-Mai

Ce mois-ci, le pape François nous invite à prier pour un meilleur accès à l'éducation des migrants et réfugiés *(voir p. 6)*. À Marseille, des enfants de migrants de première, deuxième, troisième génération se retrouvent chaque soir à la Source pour du soutien scolaire, et plus encore…

Il est 16 h 30 ce lundi à la maison la Source de Marseille (IIIe). Dans son survêtement rouge, Yanis, 7 ans, réclame un baiser à sa maman, puis court, une brique de jus à la main, rejoindre ses copains. L'association Massabielle a fondé, en 2016, la Source au cœur de la Belle-de-Mai, derrière la gare Saint-Charles. De nombreuses communautés d'origine étrangère cohabitent dans ce quartier, l'un des plus pauvres d'Europe et où la violence n'est jamais très loin, comme en témoignent régulièrement les faits divers. La majorité des habitants sont nés à l'étranger, pour la plupart au Maghreb. Sabrina, la maman de Yanis, vient d'Algérie. Dans la cour, le garçonnet passe devant un tableau en bois sur lequel sont inscrits trois mots : paix, fraternité, talents. Ponctuant ses phrases par « la vérité ! », Sabrina rigole de voir son fils si enthousiaste : « Yanis,

D. R.

Maison la Source, gérée par l'association Massabielle, Marseille (IIIe).

s'il le pouvait, passerait même la nuit ici. La vérité, la Source, c'est comme une famille ! » Ses trois fils, Wissem, Malik et Yanis, le petit dernier, viennent depuis la création du lieu.

Ils sont une centaine d'enfants âgés de 7 à 17 ans, à venir chaque semaine. Le lundi et le mercredi, c'est le jour de l'aide aux devoirs pour les enfants du primaire. Le mardi et le jeudi, c'est le tour des collégiens et des lycéens. Le mercredi, une trentaine d'enfants se retrouvent au patronage. Le soutien scolaire est une porte d'entrée. Raphaël, responsable des primaires, explique : « Cela permet de rencontrer et d'accueillir des familles soucieuses de faire grandir leurs enfants » *(lire l'encadré p. 294)*. « Les talents des enfants sont mis en valeur, se réjouit Sabrina. Wissem adore cuisiner. À la Source, il exprime toute sa créativité. » Outre la cuisine, sont également proposés des ateliers de fanfare, de peinture, de théâtre, de chant… Durant ces activités, les élèves de CM2 et de sixième deviennent « cabaniers » : ils se mettent au service des plus petits. « Nous devons montrer l'exemple, raconte Léa, fière d'être "cabanière", aider un plus petit à emprunter un livre, servir nos invités lorsqu'on a cuisiné un gâteau… » Lydia aussi est cabanière. Dans la cour, la jeune •••

… fille de 10 ans réalise un bracelet de perles avec des camarades. Elle est arrivée d'Algérie, avec ses parents, en 2022. La fillette aime venir « pour les devoirs faits ensemble, l'aide apportée pour mieux apprendre à lire, les patins à roulettes, les ateliers de cuisine et de peinture, les copines… » « Ici, c'est simple, il y a tout », ajoute sa camarade Lyanna, 10 ans, avant de lister : « les copains, les animateurs gentils qui nous aident à faire les devoirs sans crier, les activités, les sorties à l'extérieur… »

Après l'aide aux devoirs, les garçons réinvestissent la cour : c'est l'heure du foot. Raphaël enfile ses patins et son casque et participe à la partie déchaînée, faisant rugir de plaisir les apprentis footballeurs. Sur le côté du terrain, son bracelet au poignet, Lydia glisse : « Plus tard, j'espère inscrire mes enfants à la Source. » ■

« Ni copain ni parent, mais grand frère »

Salarié depuis 2021 de l'association Massabielle, qui gère la Source, Raphaël explique : « Nous nous inspirons de la pédagogie de Don Bosco, éclairée par la vie de Bernadette de Lourdes. Nous ne sommes ni des parents, ni des copains, ni des professeurs ; nous nous positionnons comme des grands frères. Nous mettons en avant les talents de chacun. Proposer le rôle de "cabanier", c'est responsabiliser les jeunes. Cela devient rapidement le rêve de chaque enfant du primaire. »

Informations communiquées sous réserve de modifications. Renseignez-vous avant de vous rendre aux endroits indiqués.

LE JOUR DU SEIGNEUR – FRANCE 2 (11 heures)

5/1 Église Notre-Dame des Foyers, Paris (XIXe).
Prédicateur : P. Benoît Dubigeon, franciscain.

12/1 Messe en direct depuis la Belgique.
Prédicateur : *information non communiquée.*

19/1 Célébration œcuménique depuis le Grand Temple de Lyon (69).
Prédicateur : *information non communiquée.*

26/1 Église Notre-Dame de l'Assomption, Noyers-sur-Serein (89).
Prédicateur : P. Denis Ledogar, assomptionniste.

FRANCE CULTURE (10 h 05)

5/1 Chapelle Notre-Dame de la Médaille miraculeuse, Paris (VIIe).
Prédicateur : Fr. Gabriel Nissim, dominicain.

12/1 Chapelle Saint-Vincent-de-Paul, Paris (VIe).
Prédicateur : P. Alexis Cerquera Trujillo, lazariste.

19/1 Chapelle Saint-Vincent-de-Paul, Paris (VIe).
Prédicateur : P. Alexis Cerquera Trujillo, lazariste.

26/1 Chapelle Notre-Dame de la Médaille miraculeuse, Paris (VIIe).
Prédicateur : Fr. François-Xavier Ledoux, dominicain.

LIVRES

La liturgie dans l'histoire

Marcel Metzger, Desclée de Brouwer, 272 p.

Prêtre du diocèse de Strasbourg, professeur émérite d'histoire de la liturgie à la faculté théologique de Strasbourg, l'auteur mesure les changements qu'ont connus les célébrations des mystères chrétiens. Le parcours historique permet de mieux comprendre les réformes engagées au cours des siècles en précisant l'environnement culturel de chaque période. Un livre stimulant pour la prière des assemblées et la prière personnelle.

Comme la voix des océans

Rémi-Michel Marin-Lamellet Cerf, 144 p.

Quand Dieu se tait et que les forces manquent, nous sommes au temps des océans et de la brume. Jeune dominicain, l'auteur trouve les mots pour aider chacun à retrouver les chemins de la prière. Dieu est toujours là, rappelle-t-il, y compris dans les jours les plus difficiles. À partir de six verbes de l'Écriture sainte, le livre réussit à raviver des réalités fondamentales de la vie spirituelle. Dans un style vivant, un chemin de confiance.

Paysan de Dieu

François Cassingena-Trévedy, Albin Michel, 240 p.

Moine bénédictin, poète, enseignant et érudit, François Cassingena-Trévedy s'est installé à 900 mètres d'altitude dans le Cantal. Dans ce journal d'une vie simple et priante au fil des saisons et des temps liturgiques, celui qui travaille chez les agriculteurs tout en méditant et traduisant les « Géorgiques » de Virgile nous convie au cœur de la vie intérieure et du monde paysan. Un livre qui portera de nombreux fruits spirituels. ■

Robert Migliorini

EXPOSITION

Foulard au motif peint par Arcabas.

Arcabas, l'étoffe haute en couleur

Le musée Arcabas en Chartreuse (38) présente des œuvres sur textile de ce peintre et sculpteur français : vêtements utilisés dans les liturgies chrétiennes, tapis… Reconnu pour son importante production dans le domaine de l'art sacré contemporain, Arcabas (1926-2018) avait entièrement décoré l'église Saint-Hugues-de-Chartreuse qui héberge le musée. Deux raisons pour aller admirer le travail de ce peintre coloriste, à la large palette mêlant éclats d'or et couleurs pastel. ■

Hélène Roquejoffre, *Le Monde de La Bible*

Jusqu'au 30 mars 2025 – Musée Arcabas en Chartreuse, Église de Saint-Hugues-de-Chartreuse, 17, place Arcabas 38380 Saint-Pierre-de-Chartreuse – musees.isere.fr

NOS ACTUS

« Derrière la Cène »

Derrière la Cène est la série réalisée en partenariat par *Prions en Église* avec le CFRT. Inspirée par la lettre apostolique *Desiderio desideravi*, elle illustre l'invitation à comprendre la beauté de la liturgie. En six épisodes, des acteurs incarnent les personnages des tableaux du Caravage et en créent une reproduction vivante. L'art et la liturgie se rencontrent pour offrir un voyage initiatique qui invite à la contemplation. ■

Amandine Boivin

Disponible sur inscription sur la plateforme de streaming jds.tv

CD

Œuvres pour orgue et clavecin de Louis Marchand

Emmanuel Arakélian,
Mirare

Louis Marchand, organiste de la Chapelle royale à l'époque de Louis XIV et contemporain de Couperin, a écrit des pièces pour orgue et pour clavecin. Emmanuel Arakélian met en lumière la beauté de cette musique en l'interprétant sur deux instruments historiques.

À son école

Brigitte et Jean-Paul Artaud
Bayard Musique

Un album qui invite les plus jeunes à vivre leur foi en se mettant à l'école de Jésus. Il propose des chants qui évoquent le bonheur d'être ensemble, la création, la joie de croire en Jésus ; ils nous invitent à écouter sa Parole, à changer le monde comme à construire l'Église. ■

Dominique Pierre

NUMÉRIQUE

Credo

Pour célébrer les 1 700 ans du concile de Nicée, qui a formulé l'essentiel de la foi de l'Église, inscrivez-vous au parcours « Credo » sur l'application *Prions en Église.* Découvrez, redécouvrez ou approfondissez les expressions et les mots du cœur de la foi chrétienne. Dès le 20 janvier, profitez de cet « autre jubilé », qui marquera aussi l'année 2025 ! Grandissez dans la foi avec *Prions en Église* ! ■

Sébastien Antoni

Disponible sur Google play et App Store.

AGENDA

Informations communiquées sous réserve de modifications.

Grand Nord-Ouest

LISIEUX (14)

SAMEDI 4 ET DIMANCHE 5

Week-end spirituel

À l'occasion de la naissance et du baptême de Thérèse les 2 et 4 janvier 1873, les sanctuaires Sainte-Thérèse et Louis et Zélie proposent un week-end spirituel pour redécouvrir la grâce de son baptême sur les pas de Thérèse et de la famille Martin entre Alençon et Lisieux. Avec la participation de Mgr Dominique Lebrun, archevêque de Rouen.

02 31 48 55 00
contact@therese-de-lisieux.com
www.therese-de-lisieux.catholique.fr

MALESTROIT (56)

SAMEDI 25 ET DIMANCHE 26

Week-end de discernement

Dans le cadre du parcours vocation Amor Dei, les Augustines hospitalières de la Miséricorde de Jésus accueillent des jeunes femmes de 18 à 30 ans qui se posent des questions sur leur vocation religieuse.

06 30 72 58 46
parcoursvocationamordei@gmail.com
parcours-vocation-amor-dei.jimdosite.com

TOURS (37)

JEUDI 30

Conférence

Conférence « Église sûre » avec Véronique Margron, théologienne moraliste, présidente de la Conférence des religieux et religieuses de France, sur : « Comment se forger une conscience éclairée ? » À 20 heures à la maison diocésaine Le Carmel.

02 47 31 14 41
eglise.sure@catholique37.fr
diocesedetours.catholique.fr

Grand Nord-Est

SOISSONS (02)

DIMANCHE 5

Célébration

Ouverture de l'année sainte pour les diocèses de la province de Reims, lors de la célébration eucharistique à la cathédrale de Soissons.

03 23 53 08 77
info@soissons.catholique.fr
www.soissons.catholique.fr •••

... DIJON (21)

MARDI 7

Retraite

Les pères de l'Oratoire proposent une retraite d'un jour sur : « Marie, Mère de l'Église ». Pendant toute cette année jubilaire 2025, les retraites d'un jour permettent à chacun de redécouvrir la beauté de l'Église pour l'aimer.
03 80 38 18 85
mp.barnay@gmail.com
www.diocese-dijon.com

NANCY (54)

SAMEDI 25

Formation

Journée Bible interdiocésaine, « Les pieds dans la Bible », avec Olivier Bouiron, prêtre du diocèse de Saint-Dié, de 9 heures à 16 h 30.
03 83 17 26 26 – catholique-nancy.fr

Grand Sud-Ouest

LA ROCHELLE (17)

DIMANCHE 5

Célébration

Ouverture solennelle de l'année jubilaire dans les cathédrales de La Rochelle, Saintes et Saint-Pierre-et-Miquelon.
05 46 93 03 29
catholiques17.fr

MONTAUBAN (82)

DIMANCHE 12

Célébration

Jubilé 2025 : célébration d'entrée à 15 heures à l'église Saint-Jacques.
05 63 91 62 40
www.diocese-montauban.fr

PAU (64)

VENDREDI 24

Conférence

Le cycle 2024-2025 « L'écoute, chemin vers la rencontre », organisé par le service Foi et Culture et les paroisses Saint-Pierre-Saint-Paul et Sainte-Marie-du-Hameau, propose une conférence à 20 heures à l'église Saint-Paul avec Benjamin Cazeneuve, entraîneur sportif, sur le thème : « Écouter les gens pour les rendre ac-teurs de leur projet ».
05 59 02 63 14
smh.spp.pau@gmail.com
foietculture64.fr

Grand Sud-Est

LYON (69)

VENDREDI 24

Formation

« Paroles de la messe qui nous font difficulté » : première session d'un cycle proposé

par Pierre Lathuilière, prêtre du diocèse de Lyon, sur les phrases du rituel romain qui interrogent, à la basilique Saint-Bonaventure, le vendredi et le samedi, de 17 heures à 18 h 30.
07 60 18 28 30
saint-bonaventure.fr

MARSEILLE (13)
SAMEDI 25 ET DIMANCHE 26
Rassemblement
Massilia Cantic, grand rassemblement de chant choral, est l'un des premiers événements du jubilé pour le diocèse de Marseille.
Un week-end de partage autour du chant sacré, de travail et de concert.
07 69 46 16 25 - liturgie@adm13.fr
diocese-marseille.fr/massilia-cantic•••

ZOOM

Toulouse fête saint Thomas d'Aquin

Après avoir célébré les 700 ans de sa canonisation en 2023, puis les 750 ans de sa mort en 2024, l'Église commémore, en 2025, les 800 ans de la naissance de saint Thomas d'Aquin (1225-1274), l'un de plus grands théologiens de tous les temps. Le frère Philippe-Marie Margelidon, dominicain, directeur de la *Revue thomiste* précise que les festivités sont principalement organisées par les dominicains de Toulouse car « le corps de saint Thomas est à Toulouse, aux Jacobins. C'est aussi dans le couvent toulousain que se trouvent, le siège de la *Revue thomiste* et l'Institut Saint-Thomas-d'Aquin. » Le 24 janvier à 17 h 45, des vêpres solennelles en l'honneur du docteur angélique – surnommé ainsi pour ses écrits sur les anges – seront célébrées à la basilique Saint-Sernin de Toulouse. Le lendemain, samedi 25 janvier à 10 h 30, une messe grégorienne en l'honneur de saint Thomas aura lieu à l'église du couvent des Jacobins de la Ville Rose, suivie de la procession des reliques du saint. ■

Sébastien Antoni

thomas-aquinas-jubileum.org

... SAINT-ÉTIENNE-LE-LAUS (05)

DU VENDREDI 24 AU DIMANCHE 26

Week-end

Le sanctuaire Notre-Dame du Laus accueille le week-end de la parole de Dieu, un événement diocésain, sur le thème « J'espère en ta parole ». Pour apprendre à lire la Bible comme une Bonne Nouvelle, autour du dimanche de la Parole institué par le pape François en 2019.
04 92 50 30 73
reservation@notredamedulaus.com
www.sanctuaire-notredamedulaus.com

Île-de-France

ROSNY-SOUS-BOIS (93)

SAMEDI 18

Célébration

L'équipe œcuménique de Rosny-sous-Bois propose une célébration œcuménique le samedi 18 janvier à 14 h 30 à l'église évangélique baptiste, 8 rue Eugène Sue.
eglise-catholique-rosny.fr

PARIS (XVIE)

MARDI 21

Célébration

En cette semaine de prière pour l'unité des chrétiens, une célébration œcuménique a lieu à 20 h 30 au temple de l'Annonciation, avec Mgr Laurent Ulrich.
01 44 30 10 50
www.notredamedegracedepassy.fr

AVON (77)

DU VENDREDI 24 AU DIMANCHE 26

Session couples

Week-end pour les couples qui désirent recevoir un nouveau souffle après plusieurs années ensemble. Organisé par le mouvement Vivre et aimer au centre spirituel des Carmes d'Avon.
01 60 72 28 45
contact@vivre-et-aimer.org
www.centrespirituel-avon.org

ENVOYEZ VOS RENDEZ-VOUS À L'AGENDA DE PRIONS EN ÉGLISE : Merci d'envoyer les informations nécessaires 3 mois avant l'événement, sans engagement de publication par la rédaction, à : *Prions en Église*, Agenda, 18 rue Barbès, 92120 Montrouge, ou par e-mail : *prionseneglise@groupebayard.com*

PrionsenÉglise 18, rue Barbès,
www.prionseneglise.fr 92128 Montrouge Cedex.

▶ **POUR CONTACTER LE SERVICE CLIENT : 01 74 31 15 01** – service.client@groupebayard.com
(Préciser : nom + adresse postale + « concerne Prions en Église ».)

▶ **POUR VOUS ABONNER : 01 74 31 15 01** – www.librairie-bayard.com
Bayard, Prions en Église, TSA 60007, 59714 Lille Cedex 9

▶ **POUR CONTACTER LA RÉDACTION :** prionseneglise@groupebayard.com

Directeur de la publication : François Morinière. Directeur du secteur et directeur des rédactions : Jean-Pierre Denis. Rédaction : Karem Bustica (rédactrice en chef), Dominique Pierre (rédacteur en chef délégué), Pomme Mignon (rédactrice en chef adjointe visuel, directrice artistique), Frédéric Pascal (rédacteur en chef adjoint), Armelle Gabriel (assistante), Nicolas Crouzier (secrétaire général de la rédaction), Jean-Baptiste Deau, Cécile Toussaint (1ers secrétaires de rédaction), Laurent Sangpo, Pascal Redoutey (rédacteurs graphistes), Ania Biszewska (rédactrice photo), Sébastien Antoni (chef de grande rubrique), Anne-Quitterie Jozeau, Geneviève Pasquier (rédactrices). Ont participé : Geneviève de Balincourt, Thibault Van Den Driessche. Marketing éditeur et développement : Amandine Boivin. Marketing diffusion et abonnement : Aurore Bertrand (directrice), Sandrine Dos Santos (chef de marché). Directeur des terrains catholiques : Cédric Bloquet. Voyages lecteurs : Corinne Miguel. Contrôle de gestion : Tonnumy Ai. Fabrication : Grégory Cervantes. Impression : Maury SAS, Z.I. Route d'Étampes, 45330 Malesherbes. Textes liturgiques : © AELF. Chants : © Éditeurs. © Bayard et Novalis. Reproduction interdite sans autorisation. *Prions en Église* est édité par Bayard, société anonyme à Directoire et Conseil de Surveillance au capital de 16 500 000 €. Actionnaires : Augustins de l'Assomption (93,7 % du capital), SA Saint-Loup, Association Notre-Dame de Salut. Directoire : François Morinière (président et directeur de la publication), Dominique Greiner (directeur général). Président du Conseil de Surveillance : Hubert Chicou. Dépot légal à parution. CPPAP : 0425K86471 - ISSN : 0383-8285. Belgique et Luxembourg : Bayard Presse Bénélux, Da Vincilaan, 1 – 1930 Zaventem. Tél. : 0800 250 38 (de Belgique, gratuit) ou 800 29 195 (du Luxembourg). Web marché chrétien : librairie-bayard.com. Suisse : Asendia Press Edigroup SA, Chemin du Château-Bloch 10, 1219 Le Lignon. Tél. : 00 41 22 860 84 02. Mail : abobayard@edigroup.ch

***Prions en Église* agit pour l'environnement**
Origine du papier : Suède. Taux de fibres recyclées : 0 %. Origine des fibres : papier issu de forêts gérées durablement. Impact sur l'eau : PTOT 0,005 kg/T

Certifié PEFC
10-31-1282
Ce produit est issu de forêts gérées durablement et de sources contrôlées.
pefc-france.org

FR

Ce numéro comporte :
Sur la totalité de la diffusion : encart posé "Prions en Église Junior" offre d'abonnement.